日本法译丛

共同不法行為法論

共同侵权行为法论

〔日〕前田达明 原田刚 著

罗丽 赵兰学 译

商务印书馆
2020年·北京

共同不法行為法論
前田達明　原田剛　著
＠2012 T. Maeda
根据2012年成文堂版译出

专家委员会

韩君玲　罗　丽
柴裕红　王　勇　孟祥沛

译　者　序

　　《共同侵权行为法论》一书由日本京都大学名誉教授、日本侵权行为法领域的代表性学者前田达明先生与其弟子、日本中央大学法学部教授原田刚先生合著。主要内容正如书名所示，探讨的是日本民法第719条"共同侵权行为人的责任"规定中"共同"一词的意义。

　　二战后，日本有关共同侵权行为法理论的真正展开，可以追溯至20世纪50年代后期，自20世纪70年代开始，讨论日趋热烈。在司法实践方面，日本最高法院1968年4月23日的"山王川事件"判决，基于当时的通说见解，将日本民法第719条第1款前段的"共同"定义为"客观关联共同"，并在2001年3月13日的交通事故与医疗事故依次竞合事件的判决中，也维持了这一立场。但是，另一方面，日本下级法院的判决，如1972年7月24日四日市公害诉讼判决中所采用的"强关联共同性"与"弱关联共同性"构架，对之后的学说以及下级法院的判决也产生了巨大影响。

　　受此启发，本书作者之一的前田达明教授，在其著作《侵权行为归责论》（创文社1980年版）中，将日本民法第719条第1款前段中的"共同"定义为"主观关联共同"，同条款后段中的"共同行为人"定义为"实施了具有引起该权利侵害的危险行为的人。前田教授提出的主观共同说，已成为学界的有力说。本书即是上述见解的进一步深化。其采用实证分析、法解释学等方法，以日本1960年代至今的49件关于"共同侵权行为"的代表类型判例（其中，公害诉讼判决10件、药害诉讼判决12件、尘肺诉讼判决27件）为基础进行分析，提炼出了有关民法第719条的判例法理论，明确其归责根据，构架了理论与实践之间的桥梁。其中，本书有关公害诉讼、药害诉讼等共同侵权行为的认定、因果关系认定等的理论提炼，在日本学术界受到高度评价，具有重要的理论与实践价值。

作为本书译者之一，本人于上世纪90年代在京都大学研究生院法学研究科留学，并受教于前田达明教授，至今仍和前田教授保持联系。于公于私，均从前田教授处受益良多。怀着对前田教授的感激之情，也为了向我国读者介绍日本有关共同侵权行为的研究动态，故特在前田教授的允许之下，翻译本书。但因事务繁忙，又邀请清华大学法学硕士、日本早稻田大学法学博士课程结业的赵兰学律师帮忙，共同翻译本书。

在本书的翻译过程中，得到了许多人的帮助。特别是我的日本友人、京都大学经济学部毕业的十仓真未子女士在和日本出版社的联系等方面，提供了巨大的帮助。本书的出版得到了北京理工大学法学院的资助。在此一并致以衷心的谢忱。

希望本书能够为我国学者了解日本共同侵权行为的理论和实务动态提供帮助！

罗　丽

2018年12月18日于北京清华园寓所

中文版序言

对共著能够被翻译成中文,我们发自内心地感到欢喜。通过这本书,如果能够让中国读者近距离地了解日本的共同侵权行为法的理论,并进一步加深中日两国的学术交流,则更是喜出望外。

本书作者之一的前田达明(京都大学名誉教授)在《侵权行为归责论》(1980年版)中,以日本民法母法——德国法的立法者意思与之后展开的判例,以及日本民法的立法者意思作为基础,将日本民法第719条第1款前段中的"共同",定义为"主观关联共同"(主观共同说),将该条款后段的"共同行为人"定义为"实施了具有引起该权利侵害的危险行为的人",从而构筑了日本共同侵权行为法论的发展基础。本书以这种立场为前提,对此后登场的药害诉讼、公害诉讼、尘肺诉讼等下级法院的各种诉讼当中所显示出来的判例进行整理、分析,提炼出"判例法的理论",并且试图明确其中的归责根据,从而在理论和实务之间架起一座桥梁。

当然,2009年制定的《中华人民共和国侵权责任法》中关于数人共同实施侵权行为责任的规定,是在德国等众多国家的立法成果基础之上所制定出来的完善规定,其中或许也体现出了日本有关"共同侵权行为法"解释论上的成果。在此意义上,真诚地希望本书对于中国《侵权责任法》的解释,特别是其第8条、第10条、第11条以及第12条的进一步解释,提供一些启发和参考。

本书的翻译,有劳中国环境法学者罗丽教授和日本早稻田大学法学博士课程结业的赵兰学律师。罗丽教授于1995年到1999年在京都大学研究生院法学研究科留学期间,在前田教授指导之下进行研究。本书作者之一的原田教授(时任日本关西学院大学法学院教授,现为中央大学法学院教授),因为学术交流的关系,于2013年访问中国人民大学的时候,受邀在北京理工大学法学院(罗丽教授主持)以及清华大学法学院(程啸教授主持)就"共同侵权行为法论"进行了主题演讲,当时的翻译就是罗丽教授。之后,演讲的内容以《论"共同侵权行为规定"之解释——以"共同"的解释和加害人不明情形的解释为中心》刊载于《清华法学》2013年第3期)。罗丽教授担任北京理工大学法学院环境法研究所所长,兼任中国环境科学会环境法学分会副主任委员和北京市法学会生态法治研究会副会长,是环境保护部《土壤污染防治法(草案建议稿)》起草专家组专家,还担任全国人大环境与资源保护委员会《土壤污染防治法(草案)》立法专家咨询组专家。赵兰学律师自清华大学法学硕士毕业之后,在早稻田大学深造,攻读博士课程,精通日语和法律。由这样的专家来翻译我们的这本书,是再合适不过的了。对罗丽教授、赵兰学律师在百忙之中抽出时间来翻译我们的这本书,深表感谢。如果这本书能够获得中国读者的厚爱,则更是让我们感激不已。

前田达明

原田　刚

2017年12月18日

目 录

序言 ……………………………………………………………… （1）

第一章 研讨的前提 …………………………………………… （3）

第二章 民法第719条解释论的展开 ………………………… （5）
  第一节 法解释的方法 ………………………………………… （5）
  第二节 民法第719条的"立法者意思" ……………………… （7）
    一、旧民法的"立法者意思" ……………………………… （7）
    二、现行民法的"立法者意思" …………………………… （9）
  第三节 民法第719条的"法意" ……………………………… （13）
    一、德国民法典第830条的解释 ………………………… （13）
    二、德国民法典第840条与旧民法财产编第378条 …… （15）
    三、民法第719条第1款前段的法意与理由 …………… （17）
  第四节 民法第719条的"历史的变化" ……………………… （18）

第三章 民法第719条的判例分析 …………………………… （19）
  第一节 民法第719条在公害诉讼中的解释论 ……………… （19）
    一、作为分析对象的判决 ………………………………… （19）
    二、山王川事件 …………………………………………… （20）
    三、四日市公害诉讼判决 ………………………………… （23）
    四、西淀川公害第一次诉讼判决 ………………………… （30）
    五、川崎公害第一次诉讼判决 …………………………… （44）
    六、仓敷公害诉讼判决 …………………………………… （56）

七、西淀川公害第二次—第四次诉讼判决……………………（63）

　　八、川崎公害第二次—第四次诉讼判决……………………（75）

　　九、尼崎公害诉讼判决……………………………………………（80）

　　十、名古屋南部公害诉讼判决……………………………………（87）

　　十一、东京公害诉讼判决…………………………………………（93）

　第二节　民法第719条在药害诉讼中的解释论……………………（99）

　　一、前言……………………………………………………………（99）

　　二、制剂的各种服用方法………………………………………（101）

　　三、第Ⅰ类型——汽巴与武田之间的共同侵权行为…………（101）

　　四、第Ⅱ类型——田边、汽巴、武田的责任关系………………（106）

　　五、第Ⅲ类型——无法明确因服用哪种产品而罹患
　　　　斯蒙病的类型…………………………………………………（109）

　　六、国家与制药公司之间的责任关系…………………………（110）

　　七、福岛大腿股四头肌短缩症判决……………………………（116）

　　八、药物的服用与疾病之间的因果关系………………………（122）

　第三节　民法第719条在尘肺诉讼中的解释论……………………（126）

　　一、前言……………………………………………………………（126）

　　二、以视角4为基础对诉讼类型的提炼…………………………（130）

　　三、"适用型"与"类推型"…………………………………………（132）

　　四、连带责任类型的诸判决………………………………………（133）

　　五、责任限定类型的诸判决………………………………………（147）

第四章　民法第719条的判例法理……………………………………（180）

　第一节　"强关联共同性"（民法第719条第1款前段）的判例
　　　　法理…………………………………………………………（180）

　　一、判例法理的概要………………………………………………（180）

　　二、判例法理的归责根据…………………………………………（182）

第二节 "弱关联共同性"(民法第719条第1款后段)的判例
　　　　法理···(187)
　　一、以尘肺诉讼为中心的判例法理·····················(187)
　　二、判例法理的理论根据·································(190)

第五章　结论···(192)

序　言

"二战"以后,自"山王川事件"①以来,"共同侵权行为"便成为日本法学界的一个重要研究课题。围绕这个课题,学界已公开发表了很多论文。其中,最主要的学说对立是,客观关联共同说(客观说)与主观关联共同说(主观说)之间的论争。对客观说的批判是,其归责根据不明确。也就是说,根据客观说,在认定"强关联共同性"(民法第719条第1款前段)之际,则不允许行为人对与自己的行为毫无因果关系的他人的行为所致结果(损害后果)提出免责或减责的主张,而应承担全部责任。但是,客观说并未回答行为人为什么必须对与自己的行为毫无因果关系的他人的行为所致损害结果承担责任之疑问。相反地,对主观说的批判是,"强关联共同性"所认定的范围过于狭窄,在司法实务中并不妥当。

"共同侵权行为"是伴随着城市化、产业结构的变化而产生的重要课题。围绕此课题,在司法实务界涌现出大量相关判例。然而,时至今日,对众多判例进行分析,提炼出有关"共同侵权行为"的判例法理论,并对学说予以回应的研究工作并未得到充分展开。在此,本书对有关公害诉讼、药害诉讼、尘肺诉讼这些"共同侵权行为"代表性类型的判例进行分析,并致力于提炼出相关判例法的理论。

当然,也存在有关交通事故的竞合、交通事故与医疗事故的竞合等类型②。对此,学界认为应承认行为人的免责或减责的主张。即,有力说认为,相关竞合之间不存在"强关联共同性",最多也仅仅应承认"弱关联共同性"③。对此,本书认为,此问题可通过对尘肺诉讼的分析来涵盖。

最后,应该注意的是,有关一个损害由多数加害人参与的情形,在日本

---

① 最判昭和43年4月23日民集22卷4号964页。
② 最判平成13年2月13日民集55卷4号328页。
③ 四宫和夫『不法行為』(青林書院、1987年)779页、783页。

民法典中仅被规定于第 719 条当中。本条是德国民法典第 830 条的对应规定，规制一个损害由多数加害人参与的"特别"情形；德国民法典第 840 条中还有关于一个损害由多数加害人参与的"一般"性规定，但日本民法中并未设置这样的条款。很显然，这是日本的法律空白。很早以前，学界就指出这属于民法第 719 条之外的问题（从结论来讲，在相当因果关系的范围内，承担不真正连带责任）[①]。

此一问题，本书虽然未纳入考察范围，但是，本书认为在构成侵权行为相竞合的场合，首先，由原告提出民法第 719 条第 1 款后段要件的主张（参见第四章第二节），之后，由被告提出否定存在部分因果关系的抗辩主张（在构成独立侵权行为的场合，至少是存在部分因果关系）。结果是，以在涉及因果关系的范围内承担责任为基本原则；就因果关系竞合的范围而言，则根据民法第 719 条第 1 款后段的"当然解释"，应该承担（不真正）连带责任。至于其他问题，则留待今后进一步研究。

衷心感谢成文堂社长阿部耕一与土子三男董事长爽快答应出版本书这样的纯学术著作。

前田达明
原田　刚
2011 年 9 月 23 日

在本书写作期间，本人（原田刚）的妻子——真弓于 2010 年 9 月 29 日突然离世，享年 54 岁。这无论对于妻子还是本书的写作者而言都是无比遗憾的事情。在此，同给予本人共同写作之机会以及诸多关心与厚爱的恩师——前田达明先生一起，哀悼爱妻的离世，为了报答一直对本人给予支持与鼓励的爱妻的恩情，将本书献于爱妻的灵前。

原田　刚
2011 年 9 月 29 日（爱妻之忌日）

---

① 参见川岛武宜「判例民事法昭和 9 年度第 133 事件」433 页；戒能通孝「判例民事法昭和 10 年度第 139 事件」551 页。

第一章 研讨的前提

1. 关于民法第 719 条①,首先通过简单的假设事例对判例和学说一致承认的结论进行明确。

【设例 1】 在共谋(即具有权利侵害的合意)的情形下,适用民法第 719 条第 1 款前段,不承认各被告提出的免责、减责主张。例如,A 与 B 共谋杀害 X,他们均用手枪对 X 进行射击,结果 A 射出的子弹命中 X 致其死亡,而 B 射出的子弹并未命中 X。在这种情况下,A 与 B 共同对 X 的死亡承担损害赔偿责任。

【设例 2】 在不存在共谋但有单独故意(即权利侵害的意思)行为相竞合的情形下,允许各被告提出免责、减责主张。例如,A 与 B 没有意思联络,各自想杀害 X,他们都用手枪射击 X,结果 A 射出的子弹命中 X 致其死亡,而 B 射出的子弹没有命中 X。在这种情形下②,B 对 X 的死亡不承担损害赔偿责任。

【设例 3】 在虽然不存在共谋但存在权利侵害之外的合意且各自具有过失的情形下,适用民法第 719 条第 1 款前段,不承认各被告提出的免责、减责主张。例如,A 与 B 在山道行走时,遇山上落石,数个石块妨碍了道路通行。这时,A 与 B 共同将石头推向山谷,结果 A 推下的石头击中了位于山谷的 X 并致其死亡,B 推下的石头没有击中 X。在这种情况下,A 与 B 共同对 X 的死亡承担损害赔偿责任。

【设例 4】 在单个过失行为相竞合的情形下,允许各被告提出免责、减责主张。例如,A 在山道行走时,山上落石阻碍了道路,A 一人将其中一块

---

① (1)数人因共同侵权行为给他人造成损害时,各自对其损害负连带赔偿责任。在不能确定共同行为人中由何人加害时,亦同。(2)教唆或帮助行为人者视为共同行为人,适用前款规定。——译者

② 即承认各个被告人提出的免责、减责主张。——译者

落石推向山下,结果击中在山下的 X 并致使 X 死亡。与 A 无关的 B 此时也经过此道,同样也将一块落石推向山谷,但 B 所推之落石并未击中 X。在这种情况下,B①对 X 的死亡不承担损害赔偿责任。

在诸如上述设例 2 中无法判断到底是 A 射出的子弹还是 B 射出的子弹命中 X 的情形、设例 4 中无法判断到底是 A 所推之落石还是 B 所推之落石击中 X 的情形,适用民法第 719 条第 1 款后段(即承认 A 与 B 提出的免责、减责抗辩)。

2. 然而,对于除此之外的情形,关于民法第 719 条的适用范围问题,(判例与学说)尚存在争议。

以下,根据最近判例、学说中广泛承认的用语,将民法第 719 条第 1 款前段的"共同"称为"强关联共同性",将民法第 719 条第 1 款后段的"共同"称为"弱关联共同性"。

此外,在判例②、学说③中,虽然将"强关联共同性""弱关联共同性"均作为民法第 719 条第 1 款前段的问题予以考虑,但在本书中,从适用法条明确性的角度出发,以多数判例和通说的立场为基础,做如此定义。

---

① 就因果关系的不存在进行主张、举证。——译者
② 例如,津地裁四日市支判昭和 47 年 7 月 24 日判例時報 672 号 30 頁,以下称为"四日市公害诉讼判决"。
③ 例如,吉村良一『不法行為法(第 4 版)』(有斐閣、2010 年)251 頁。

第二章　民法第719条解释论的展开

第一节　法解释的方法

1. 首先,关于对民法第719条进行解释的问题,在此将本书中所采用的法解释方法进行概述。

所谓"法解释"工作,是指对该法律条文"适用范围的确定"。这是基于宪法第76条第3款的要求、即裁判是对法律的适用这一点所得出的必然结论。也就是说,裁判采用以法律为大前提、以认定的事实为小前提、以法律效果为结论这种三段论方法,因此,确定作为小前提的认定事实是否在作为大前提的法律的适用范围之内的工作不可或缺。这样的工作就是"法解释"。

2. 其次,众所周知,这种法解释是一种价值判断工作。而且,毋庸赘言,这种价值判断的标准,不应该是解释者(最终的解释者是法院)的主观标准,而必须是客观标准。

那么作为该客观标准,首先存在宪法第41条所明确要求的"立法者意思"这一标准①。这是因为,既然法律条文也是"语言",而语言是将信息发出者的"意思"向信息接收者传达的手段,所以考察法律条文的"意

---

① 例如,大判大正3年7月4日刑录20卷1360页所记载的"桃中轩云右卫门事件"(在此案件中,X公司将浪曲艺人桃中轩云右卫门的浪曲录制成唱片并进行销售。Y在未经许可的情况下复制了该唱片并进行销售。于是,X公司以侵害著作权为由,向Y提起了刑事及损害赔偿民事诉讼。对于此案,日本大审院即当时的最高法院认为,桃中轩云右卫门的浪曲,不属于创作,而只是一种即兴表演,所以不属于受到著作权保护的音乐作品。也就是说,光盘所录制的并非著作物,因此不属于著作权保护的对象。未经X允许而复制光盘的行为,尽管其违背了正义观念,但并不存在权利侵害,所以不属于侵权行为。——译者)

思"时,考察作为法律条文制定者的立法者也就是国会的"意思",便成为理所当然。

此外,还存在宪法第 99 条(法官负有尊重并拥护宪法的义务,为保护更高的宪法利益,法官负有修正补充该等法律条文的立法者意思的义务)所要求的"法的目的或者宗旨"(即,法意或者法理,以下称为"法意")之标准①和宪法第 99 条所要求的"历史的变化"之标准②。后两个标准,是对于以宪法第 41 条为根据的"立法者意思"的补充与修正,因此毋庸赘言,也必须均以宪法为根据。该根据就是宪法第 99 条。最后,还有宪法第 81 条所要求的"合宪性"标准③。

3. 以下是这种法解释工作的思考顺序:首先,从宪法第 41 条中探究"立法者意思"标准;其次,当这一标准对于解决该事件存在不妥当(也包括不明确的情形)之时,以宪法第 99 条"法的目的或宗旨"(法意或法理)标准或者"历史变化"标准为依据对"立法者意思"标准进行变更或补充;最后,通常根据宪法第 81 条的规定来检验该解释是否违反"合宪性"标准。在上述标准中,只有决定采用哪一标准的"最终决定标准",才能被称为"法律思维"(与宪法在该事件中最应保护的"利益"一致)。而且,该法律思维可被认为是宪法第 76 条第 3 款规定的"良心"(与正义论相关联)。

最终,法院会将基于该价值判断所选择的结论,采用法解释的形式即通过语言表明的方法以判决书表示出来,并告知原告与被告,以实现用法律拘

---

① 例如,最判昭和 47 年 11 月 28 日民集 26 卷 9 号 1715 页。

② 例如,大判大正 14 年 11 月 28 日民集 4 卷 670 页所记载的"大学澡堂事件"。在该案件中,X 从 Y 手中买下了"大学澡堂"这一商号,并且租用了澡堂所用的建筑物,并经营该店铺,后 X 与 Y 解除了租赁合同,并且准备将"大学澡堂"这一商号卖掉。但 Y 却将澡堂所用的建筑物租给第三人,并允许其继续经营"大学澡堂"。于是 X 以丧失了出售"大学澡堂"这一商号的机会为理由,而对 Y 提起了基于侵权行为的损害赔偿请求。对于该案,原审以"商号"并非权利为由而否定了 X 的损害赔偿请求,但日本大审院认为,民法第 709 条中的"侵害"之对象,不限于具体的权利,只要是法律上所保护的利益就足够了。——译者

③ 例如,最大判昭和 31 年 7 月 4 日民集 10 卷 7 号 785 页。

束双方当事人之目的①。

第二节 民法第719条的"立法者意思"

一、旧民法的"立法者意思"

1. 基于上述观点，在确定民法第719条的"含义"时，首先要确定该"立法者的意思"。即，如前所述，正如宪法第41条所规定的那样，必须确定国会即立法者的"意思"，并明确其适用范围。

关于民法第719条，由于国会（帝国议会）未做出任何讨论便通过了该议案，因此，可以说，国会的"意思"与起草者的"意思"是一致的。

该起草者的"意思"可通过探讨当时的法典调查会的讨论来明确。关于该问题的研讨，由于已有成果对此进行过详细探讨②，因此，在此仅作概要说明。

2. 民法第719条的规定，是对旧民法[明治23(1890)年公布。明治29(1896)年废止]财产编第378条的修正。

旧民法财产编第378条规定如下："在本节所规定的所有情形下，数人对同一行为应承担责任时，当无法知晓各自的过失或懈怠部分之时，各自对全部损害应承担义务。但是，在共谋的情形下，该义务为连带责任"。(Dans tous les cas prévus à le presente Section, si plusieurs personnes sont responsables d'un memefait, sans qu'il soit possible de connaître la part de faute ou de négligence de chacune, l'obligation est intégrale pour chacune. S'il y a eu entre elles concert dans l'intention de nuire, elles sout

---

① 详细阐述请参见前田达明：前田達明「法解釈について」法曹時報第64卷2号（2012年）1頁以下。
② 前田達明『不法行為帰責論』（創文社、1978年）251頁以下。

solidairement responsables. 之所以添加法文,是因为 Boissonade① 起草的法文经翻译以后就作为旧民法的正文)。

根据该条规定,当无法知晓各自的过失或懈怠部分之时,各自对全部损害承担赔偿义务(全部义务)。因此,在能够认识并确定过失或懈怠部分之时,由于令数人各自承担全部赔偿义务的做法不公正,因此,在这种情况下,不产生全部义务。即根据各自的过失或懈怠部分来承担责任②。当具有"共谋"之时,则不允许这种分割责任,而是承担连带责任③。其理由在于:在"共谋"的情形下,由于是一个侵权行为(un dèlit civil),在加害意思的共同性中,恰似"代理关系",并且鉴于其具有较高的非难性,因此,让债务人(加害人)承担比全部义务更严格(rigoureuse)的连带债务。在刑法之中,也存在这样的规定。即法国刑法第 55 条就损害赔偿、罚金、费用,做出了共犯者承担连带责任(solidarité)的规定④。

连带债务与全部义务之区别在于,在法国,连带债务较之于全部义务对债务人而言是更加不利的债务⑤。

上述内容可概述如下:在法国法学的影响之下,旧民法规定,在数个侵权行为人"竞合"的所有情形下,当各自的归责部分不明之时,全部成员承担全部义务;其中,当"共谋"之时,恰如代理关系,承担更严格的"连带债务"。

---

① G. E. Boissonade(博瓦索纳德,1825—1910 年),是在明治维新时期,由日本政府从法国聘请的负责近代法起草和编纂的巴黎大学教授。博瓦索纳德自 1873 年受日本政府邀请来日本后,曾经对日本的法学教育、立法、外交交涉等方面均做出了很大贡献。特别是他于 1879 年开始受日本政府委托起草民法典的工作。他主持起草的日本民法典,史称"博瓦索纳德民法典"或"旧民法"。参见渠涛编译:《最新日本民法》,法律出版社 2006 年版,第 366—367 页。——译者
② ボワソナード民法典研究会編『民法理由書第 2 巻 財産編人権部』(復刻版)(雄松堂出版、2001 年)354 頁。
③ 参照民法债权担保编第 73 条。ボワソナード民法典研究会編『民法理由書第 4 巻 債権担保編』(復刻版)雄松堂出版(2001 年)249 頁。
④ Boissonade, Projet de Code Civil T. II. , 1891, p. 333.
⑤ 以代理关系为前提,具有更强的效力。关于这一问题,山口俊夫『フランス債権法』(東京大学出版会、1986 年)250 頁以下进行了详细阐述(旧民法的各种规定,均从法国民法以及法国的判例与学说而来)。

从上述分析来看，关于旧民法财产编第378条与现行民法第719条之间的关系，乍看之下，旧民法财产编第378条正文与现行民法第719条第1款后段相对应，旧民法财产编第378条但书与现行民法第719条第1款前段相对应。的确，旧民法财产编第378条但书与现行民法第719条第1款前段相对应，但是，旧民法财产编第378条正文不仅与现行民法第719条第1款后段相对应，而且还与后述德国民法第840条相对应。

二、现行民法的"立法者意思"

1. 在修改旧民法财产编第378条之际，起草者穗积陈重做出过如下说明①。

（1）关于本条第1款前段，有如下论述。

第一，本条是确定因侵权行为所发生债务之性质的规定。

第二，尽管行为人为数人，但侵权行为只有一个，就"一个行为"即使各自作用的部分不同，但由于是"全部成员的行为"相重叠而产生权利侵害之事实，因此不能确定各自到底实施了"几成"。因此，债务也是一个。而且，由于债务人为数人，故承担连带债务。

第三，旧民法财产编第378条规定，在"共谋"的情形之下，承担连带债务。这是因为在旧民法之中，连带债务是以代理关系为前提，而在现行民法中，连带债务不以代理关系为前提，连带债务是就一个债务的请求方法与一般债务不同，并且对履行后的求偿权等也进行了规定，因此，是否存在"共谋"已无讨论的必要。而且，在现行民法中，没有设置如旧民法"全部义务"（旧民法债权担保编第73条）的规定②。这是因为，在现实生活中几乎无法履行"全部义务"③。

第四，即使从比较法视角来看，在这种情况下，也"毫无例外"地承担连带责任。不过，关于求偿权问题，各国规定存在一些差异。

---

① 法典调查会民法议事速记录41卷115丁反面，以下仅引用卷与丁。
② 前田达明监修『史料债权总则』（成文堂、2010年）190页。
③ 关于全部义务，参照前田达明『口述债权总论〔第三版〕』（成文堂、1993年）322、346页。

(2) 关于本条第 1 款后段,有如下论述。

第一,例如,众人聚集殴打某人,但是,无法明确是谁之手击中某人,是谁之拳击中某人之时,如果要求"对直接的加害者进行特定",则"该证明"极其困难,所以从"公益"角度出发,做出了该规定。

第二,此外,"众人聚集并实施了某行为。如果是单个人的情形,或许就不会实施该行为。由于是众人的行为,并且的确是实施了某行为,则不问(各人)是直接动手还是未直接动手①,由于存在共同协力,对该事件而言,由于产生了违法结果,且各人自身已意识到该违法结果,因此,这样规定并非毫无道理"。

也就是说,现实中往往存在由于数人同时实施侵权行为给他人造成一个加害结果,但不能明确是谁的行为导致该损害发生的情形,例如,数人同时向他人房屋投掷石块,结果其中一块击中房屋并造成损坏时,虽然该石块一定是某一人所投掷之石块,但在不能明确是谁所投掷之石块的情形下,为保护被害人,将其视为如共同行为所造成的损害一样,由全体成员承担责任。而且,由于各人持有这样(击中房屋)的"意思",因此,这样处理并无不当②。

2.(1)法典调查会上关于本条第 1 款的讨论,主要是关于"共同"的含义的讨论。在回答横田国臣的提问③时,穗积陈重做出了如下回答:"本条第一款前段的侵权行为,是指数人实施某一行为,该行为之目的或结果属于一个权利侵害""后段是指即使在事先共谋之际,数人实施了同一事实,图谋去殴打某人时,且知道实际上确实有人实施了殴打行为,但无法判断由谁实施了殴打行为(导致被殴打者受伤之时)"④。而且,穗积陈重认为,"本条并未区分规定第 1 款前段的'共同'要具有合意,后段的'共同'无需合意,总之,是在多数人实施了某一行为,且该行为的结果符合民法第 709 条的情形

---

① 在旁边助威高呼"打呀、打呀"。——译者
② 梅谦次郎『民法要義 卷之三』(和仏法律学校、1897 年)893 頁以下。
③ 41 卷 121 丁正反面。
④ 41 卷 121 丁反面—122 丁正面。

下,全体成员具有故意或过失,有些情况下存在共谋,有些情况下存在过失。"即,数人同时实施权利侵害行为,但该权利侵害行为是全体成员一起集中实施并表现出来。各人的行为具备各自的意思,所造成的是一个权利侵害,这便是共同侵权行为①。

矶部四郎提出,"本条第 1 款后段的规定可以理解为'当数个行为人之中的某人造成了损害,但无法知晓造成损害的加害人之时,亦同',我理解可以适用于'自身事先并无共谋,在一瞬间一下子就发火而瞬间殴打了被害者(数人中的各人的意思,不具备共同性),但并不知晓在那一时刻是谁出手殴打'的情形,但对"共同"一词只能解读为具有事先在意思上的"通谋"。那么,上述事例也符合本条第 1 款后段的情形吗?"②对于这一提问,穗积陈重做出了肯定回答,但在文字表达上较难理解③。即,"相同。……虽然难于表述为属于数人同时向同一人实施同一侵权行为(即同时犯)的情形,所谓共同侵权行为人,要求共同的意思也相同,似乎不合理。"

对于议长箕作麟祥提出的"共同行为这种词语表达是否言过其实"④的提问,穗积陈重回答:"对于本条第 1 款后段的'情形'有可能言过其实,但是,也不应该表述为'数人为同一行为'"⑤。

在对本条进行讨论的最后,还有如下对话。即,议长箕作麟祥说:"在此想拜托各位起草委员,由于本条第 1 款后段尚未达到最佳表达状态,请从文字上做进一步思考",穗积陈重回答说"会继续思考"⑥。

(2)关于本条第 2 款,土方宁提出疑问:"教唆者、帮助者原本不就是共同行为人吗"⑦,对此,穗积陈重回答:"是的","但由于教唆者、帮助者不是直接参与者,所以通过第 2 款使其作为共同行为人承担全部责任"⑧。土方

---

① 41 卷 124 丁正面。
② 41 卷 124 丁正面—125 丁正面。
③ 41 卷 125 丁正面。
④ 同上。
⑤ 同上。
⑥ 41 卷 145 丁正面。
⑦ 41 卷 126 丁正面。
⑧ 41 卷 126 丁正面。

宁则提出,"未亲自出手但参与共谋的预谋者"也作为"共谋者"予以处罚较为妥当,因此,建议在该第 2 款加上"共谋者"①。对此,穗积陈重回答:"如果说该等共谋者已经规定在了第 1 款之中,则教唆者、帮助者也应放到第 1 款之中,这样的话就应该删除第 2 款"②。

关于此处的思考,结合富井政章的以下阐述来考虑会非常有意义。"所谓实施,无论是刑法,还是民法,均是从事实上表现出一个意思(即行为人的意思),而且,也有直接出手者(直接加害人)或者(不直接出手的)其他加害人(助威者)。因此,从纯粹理论而言,上述人员都是"真正的"共同行为人……所谓行为,并不单指有形的事实"③。

另外,在法典调查会上,虽然对包括本条第 2 款在内,围绕"共谋者"进行过各种讨论,但最终结果是,由于本条如原案一样原封不动地成为现行民法第 719 条,因此,可以认为,起草者穗积陈重的考虑基本上原封不动地得到了承认④。

(3) 从前述及其他讨论来看,起草者是如何理解"共同侵权行为(人)呢"? 首先,可以明确的是,"共谋"并不是必要的。不过,应该注意的是,从起草委员们的讨论可以知道的是,该"共谋"是指,"对预先犯罪(权利侵害)之事事先谋议"之意,而不是随着时间迁移基于群集心理所为之行为,或者仅仅基于相互具有认识的程度而为之。因此,所谓不需要"共谋"之意,并不能认为在行为人之间根本不需要任何意思上的关联。

而且,关于本条第 1 款后段,穗积陈重在说明该条立法宗旨之际做出了如下陈述,即"如果只是一个人的话不会实施,但人数一多就基于集团心理而实施了侵权行为",对于其他委员提问的回答,穗积陈重脑中的设例是,行为人之间存在某种"连带感"的情形⑤。

---

① 41 卷 133 丁反面。
② 41 卷 135 丁反面。
③ 41 卷 131 丁反面—132 丁正面。
④ 福島正夫編『明治民法の制定と穂積文書』(民法成立過程研究会、1956 年)55 頁。
⑤ 41 卷 121 丁反面,41 卷 123 丁正面,41 卷 124 丁正面,41 卷 127 丁正面。

"让人感觉震撼的事情有，譬如在乡村里，也发生过毁坏有钱人的房屋①、殴打有钱人的事件"（对横田国臣提出的疑问："一个强盗到我的住所盗窃钱财，此后，其他窃贼也来窃取财物。如果令此二人连带承担责任，则过于严重了"，穗积陈重对此并未回答）。

关于第1款后段，横田国臣、矶部四郎等提出这是否属于所谓同时犯的疑问，但从他们也提到本条第1款后段的"共同"之词语只是稍有"过重"之感来看，至少关于本条第1款前段的"共同的侵权行为"，很难断言他们认为不需要行为人之间的主观因素。

（4）从上述观点出发，关于民法第719条第1款的立法者意思，可以认识到的是，民法第719条第1款前段的"共同"并不仅限于"共谋"。其理由在于，与旧民法不同，连带债务并不以代理关系为前提。至于民法第719条第1款后段的"共同"，其范围较之于民法第719条第1款前段的"共同"的含义更广，也曾考虑过包括同时犯。

（5）除此之外，该"共同"到底是什么，则需要委以解释。在这种情形之下，关于不明确之部分的解释，如前所述，不能是解释者的主观意志。所以要探究客观的判断标准是什么。首先，这一客观判断标准应该是民法第719条的"法意"。

第三节　民法第719条的"法意"

一、德国民法典第830条的解释

1. 为解释作为立法者意思之补充的"法意"，如下所见，我们认为研讨作为其母法的德国民法典第830条的解释是不可或缺的。接下来我们将会研讨作为母法的德国民法典第830条的"法意"。在修正旧民法之时，与其

---

① 在历史上，至明治时代为止，在日本发生过多起由多数人组成的集团专门瞄准有钱人家，毁坏其房屋，盗窃值钱东西的事件。——译者

说是参考了德国民法典第830条的以下规定,"第1款:数人因共同(gemeinschaftlich)实施侵权行为引起损害的,各人对损害均负责任。在不能查明数个参与人中孰以其行为引起损害的,亦同。第2款:教唆人和帮助人视为共同行为人",倒不如说是将德文直译成日文,而形成了本条规定(众所周知,现行民法典的多数条文系由德国民法典的规定翻译为日文而形成)。细观本条,可以发现与日本民法第719条是相同的,因此,可以明确的是,为补充修正本条的"立法者意思",探讨研究作为其母法的德国民法典第830条的解释论,明确理解其"法意"(法的宗旨)是不可欠缺的工作。这是比较法研究中最重要的意义之一。

在德国民法中,关于该条文所称"共同"到底应做何种解释,已如所明确的那样,判例及通说认为是指"存在认识并意图实现的共同行动"(bewußtes and gewalltes Zusammenwirken),而且是"对侵权行为本身有认识且意图实现的共同行动",而非过失行为的集合(Zusammentreffen mehrerer fahrlässiger Handlungen)。

也就是说,为使行为人对他人的行为也承担法律责任,就该他人的该等行为,自己必须也要有意思上的参与。其理由在于,要使行为人对于同自己的行为没有因果关系,或者即使存在因果关系也只具有部分因果关系的、由他人的行为所导致的结果承担全部责任(归责),必须存在相应的"归责根据"。德国判例及通说认为,作为这种归责根据,必须要求(行为人之间存在)"共谋"。

2. 接下来,对相当于日本民法第719条第1款后段的德国民法典第830条第1款后段进行考察。

现在的判例及通说将此规定理解为是对举证责任转换的规定。即,原告就作为被告的数人的行为各自具有产生全部损害的可能性承担举证责任,被告就自己的行为与全部损害或部分损害的发生之间不存在因果关系承担举证责任。而且,不要求该数个被告之间存在任何主观关系。

不过,也存在要求主观关联性的少数说(拉伦茨等)。但少数说也不要求以"权利侵害"为目的的共同意思（此时属于第 1 款前段），而是要求共同作为且存在相互之间认识到共同作为这种主观意义上的危险共同性（Gemeinsamkeit des Gefährdung）。

例如，行人在横穿马路，被因祭祀仪式或者葬礼仪式而聚集形成的一个由数台小汽车组成的队伍中的某辆汽车撞倒时，在这种情形下，适用本条第 1 款后段；但是，行人被只是具有时间上的先后关系或者没有任何关系的、行使在同一道路上的数辆汽车中的其中一辆撞倒时，则不适用于本条第 1 款后段。

但是，判例及通说认为，本条第 1 款后段的"ratio"即为救济被害者的举证困难，即使在无主观要素的情形下（倒不如说只有在该情形下），也应适用。因此，根据判例及通说的观点，是将各行为的违法有责性与引起该全部损害的可能性作为要件事实，而且，作为最后的要件事实的具体化，各行为被要求须具备事实上的统一性、场所时间上的关联性，但很难断言这是一种有益的考虑。例如，在讨论可能使某一女性感染性病的数位男性的责任之际，他们与该女性是否在同一夜、同一房间同寝等并不重要①。

而且，立法者的意思是，这不仅适用于仅有一个行为就可能导致产生全部损害的情形，也适用于虽然只是分别导致部分损害产生但确无法确定其参与度的情形（Kumulative Verursachung）。另外，虽然存在争议，部分判例及有力说也肯定了这一点②。

二、德国民法典第 840 条与旧民法财产编第 378 条

另一方面，日本民法中并不存在像德国民法典第 840 条那样的规定。起草者（以及立法者）因"理所当然"之由而没有设置类似条款③。

德国民法第 840 条规定如下④。

---

① 前田、前揭书，第 272 页。
② 同上。
③ 前田達明『口述債権総論〔第三版〕』（成文堂、1993 年）346 页。
④ 椿寿夫・右近健男編『注釈ドイツ不当利得・不法行為法』（三省堂、1990 年）172 页。

第 840 条（数人的责任）

第一款　数人共同对某一侵权行为所产生的损害负有赔偿义务的，该数人应作为连带债务人承担责任。

第二款　除根据第 831 条及第 832 条的规定对由他人所造成的损害承担赔偿义务的人以外，该他人也应对损害负责的，在这些人之间，仅由该他人承担义务；第 829 条中，仅由监督义务人承担义务。

第三款　除根据第 833 条至第 838 条的规定承担损害赔偿义务的人以外，第三人也应对该损害负责的，在这些人之间，仅由该第三人承担义务。

由此可以明确的是，实际上，旧民法财产编第 378 条原文是德国民法典第 840 条的对应性规定，民法第 719 条的规定是德国民法典第 830 条的对应性规定。因此，从以下几个方面来看，旧民法财产编第 378 条与民法第 719 条是完全相异的规定。即，旧民法财产编第 378 条原文不是有关"共同"侵权行为的规定，而是有关数个侵权行为人的法律效果的规定，民法第 719 条不是有关数个侵权行为人的侵权行为的规定，而是有关"共同"侵权行为的规定。

即，旧民法财产编第 378 条原文规定了"在本条所规定的所有情形下"，是针对就同一损害存在旧民法财产编第 370 条至第 377 条中规定的数个侵权行为人时的法律效果的规定，而民法第 719 条则与民法第 714 条至第 718 条一样，是作为所谓"特殊的侵权行为"的一种类型、即"共同"侵权行为的规定。

而且，可以明确的是，基于民法第 719 条的"法意"，并参考民法第 719 条立法时所参照的诸外国的法律条文与判例，作为共同侵权行为人承担连带责任的复数人之间应存在某种主观关系。不用说奥地利、瑞士，即使是英美法中，在雇主与雇员、本人与代理人以及狭义的共同侵权行为人之间，虽然各自目的的合法与违法在所不问，但仍要求对各自的行为具有认识。

三、民法第719条第1款前段的法意与理由

如上述,虽然"共同"比"共谋"(权利侵害的合意)的范围更广,但可以明确的是,行为人对行为的共同认识(即刑法中的行为共同说)是必要的,这就是民法第719条第1款前段的"法意"。那么,其理由何在呢?其理由在于,法律责任的根据来源于人的"意思"。即,私法上的大原则即"私人自治原则"(众所周知,该原则基于宪法第13条的追求幸福权),以及由此所引申出的、承担因自己的自由意思活动而致他人损害之责任的"自己责任原则"是其根据。即使是无过失责任,也以"意思活动即行为"为要件,不必说如民法第714条至第718条所规定的中间责任,就连纯粹的无过失责任,例如《原子能损害赔偿法》第3条,也规定了"因反应堆的运转等"①。

也就是说,所谓"有关他人行为的责任",是因为自己的"意思"参与了该等"他人的行为"而需承担责任;在民法第715条中,雇员的行为应属于执行雇主业务的范围内的行为,因此有雇主"意思"的参与;在民法第716条中,关于承揽人的行为,因其行为具有独立性,原则上定作人不承担责任;在民法第714条中,仅在根据法律的特别规定而承担监督他人不实施加害行为的义务的情形下,才承担责任(关于这一点即归责事由,稍后予以论述)。而且,即使是"关于物的责任",也是因为对于该"物"的"持有、所有"这种意思性参与而承担责任(即便如此,在民法第717条及第718条中,占有人可将未违反管理义务作为免责事由)。

因此,对与自己无关的他人的行为承担法律责任,从私法原则角度出发,必须慎重。

---

① 参照该法第2条第1款。科学技术厅原子力局编『原子力损害赔偿制度』(通商产业研究社、1962年)32页以下、42页以下。

第四节　民法第 719 条的"历史的变化"

1. 民法实施至今已百年有余。其间,社会构造发生了巨大变化,由于法是解决社会纠纷的一种手段,因此,法律条文的解释,理所当然地也应与时代变化相适应,并形成与时代变化相对应的法律解释。这种解释标准被称为"历史的变化"。

2. 这种"历史的变化"标准可从近年来的诸多判决之中发现。

关于民法第 719 条的诸判决至今层出不穷,作为较宏观的分类,可分为公害诉讼、药害诉讼和尘肺诉讼这三种代表性类型。因此,本书也将采用这种类型进行分类,在对诸多判决进行分析的基础上,由此提炼出民法第 719 条的解释论即"判例法理"。

3. 在进行分析时,各判决的分析视角如下所示:

(1) 民法第 719 条第 1 款前段的一般定义是什么?

(2) 在各判决之中,具体是就处于何种关系的被告之间,承认了民法第 719 条第 1 款前段的适用?

(3) 民法第 719 条第 1 款后段的一般定义是什么?

(4) 在各判决之中,具体是就处于何种关系的被告之间,承认了民法第 719 条第 1 款后段的(类推)适用?

(5) 在各判决之中,具体地,关于原告与被告的"接点",原告做出了何种程度的举证[关于居住地域、服药的情形、在被告现场的工作等,做了何种程度的主张(举证)]。关于这一点"不存在争议",是指什么意思?[是指原告提出主张,由于明白无误,因此被告不再进行争辩吗?如果是这样的话,就是以原告的主张(举证)责任为前提。这种情况下,被告一般会就与他人之间存在因果关系这一点提出抗辩]。

第三章 民法第719条的判例分析

第一节 民法第719条在公害诉讼中的解释论

一、作为分析对象的判决

首先,将作为本节中分析、研讨对象的判例列举如下(在引用时,将以各判例后的括号内所附名称为准):

① 最判昭和43年4月23日民集22卷4号964页(山王川事件)

② 津地裁四日市支部判昭和47年7月24日判例时报672号30页(四日市公害诉讼判决)

③ 大阪地判平成3年3月29日判例时报1383号22页(西淀川公害第一次诉讼判决)

④ 横滨地裁川崎支部判平成6年1月25日判例时报1481号19页(川崎公害第一次诉讼判决)

⑤ 冈山地判平成6年3月23日判例时报1494号3页(仓敷公害诉讼判决)

⑥ 大阪地判平成7年7月5日判例时报1538号17页(西淀川公害第二次—第四次诉讼判决)

⑦ 横滨地裁川崎支部判平成10年8月5日判例时报1658号3页(川崎公害第二次—第四次诉讼判决)

⑧ 神户地判平成12年1月31日判例时报1726号20页(尼崎公害诉讼判决)

⑨ 名古屋地判平成 12 年 11 月 27 日判例时报 1746 号 3 页（名古屋南部公害诉讼判决）

⑩ 东京地判平成 14 年 10 月 29 日判例时报 1885 号 23 页（东京公害诉讼判决）

二、山王川事件

在公害诉讼中，讨论民法第 719 条的最高法院判决中最为著名的是山王川事件。

关于山王川事件与民法第 719 条的关系的评价，存在如下不同的意见分歧。例如，有观点认为，"在此，成为问题的不是有关共同侵权行为成立与否的问题，因此，关于各行为的独立侵权行为性的部分，与关于'共同'的内容的部分一样，仅仅是抽象的讨论"①；又如，有观点认为，"可以认为，本案仅仅是基本类型的侵权行为，有关共同侵权行为的前述判决部分，不应该承认其意义""如果是这样的话，在有关共同侵权行为的要件方面，最高法院的立场尚不明确"②；再如，有观点认为，"在原审的认定判断之下，仅仅是承认了不能否定相当因果关系的存在，而未作为判例明确以下这一点：为成立共同侵权行为，须满足独立的侵权行为的要件"③。

除此之外，关于本判决的到达点，尚存在如下意见分歧。例如，有观点认为，"不过，在本案当中，按照原审所确定的观点，存在对山王川的水流污染起作用的企业及城市的下水等，但需要注意的是，'如果没有本案中的工厂向山王川排入废水，则本案损害应该不会发生'，损害发生的直接原因是本案中废水的排出，本判决的前述判断，在相关事件中已经进行过揭示。而且，在多数行为人所排出的物质在数量或质量上相结合的情形下，如果能够认定某特定行为人（在本案中是指 Y）不实施该行为（在本案中是指如果不排放本案中的废水的话），就不会发生损害时，则 Y 的行为与损害发生之间

---

① 四宫和夫『不法行為』(青林書院、1987 年) 765 頁。以下称为"四宫、前揭书"。
② 平井宜雄『債権各論 II 不法行為』(弘文堂、1992 年) 191 頁。以下称为"平井、前揭书"。
③ 中村也寸志『最高裁判所民事判例解説 平成 15 年度』401 頁、415 頁。

存在因果关系,Y 承担全部损害赔偿责任。关于这种解释,争论较少"①;又如,有观点认为,"关于在本书中被称为'过剩型原因竞合'的情形:由于认定引起全部损害的 Y 承担全额损害赔偿责任,因此,可以说其实际上明确了以下逻辑:在仅有 Y 的排放行为便足以引起全部被害产生的情况下,即使有其他原因相竞合,也应承担全额损害赔偿责任。"②再如,有观点认为,"本案中是由于国家经营的工厂排水,导致河流中氮的含量过高,使用河水的沿岸农民以遭受损害为由而提起的赔偿请求,对此,国家提出争辩,主张即使没有工厂的排水,该河流的氮含量仍会过高。但是,判决认定,单靠工厂的排水就导致了被害的产生"③。

不过,本判决的重要论点,体现在如下两个方面:

第一,关于民法第 719 条的"共同",不要求"共谋"等主观要件,采用"客观关联共同性"的观点。但并未对该"客观关联共同性"的含义进行说明。

第二,该判决讲到,在共同行为人各自的行为客观上相关联,共同实施违法行为产生损害的情况下,当各自的行为分别满足独立侵权行为要件时,对于同前述违法的加害行为存在相当因果关系的损害,应承担赔偿责任。但这样一来,日本民法第 719 条的存在意义便荡然无存。即最高法院试图将来源于德国民法典第 840 条(也就是旧民法财产编第 378 条但书)的民法第 719 条,赋予属于另一体系的德国民法典第 830 条(也就是旧民法财产编第 378 条正文)所具有的功能。

最终,通过此后判例及学说的努力,关于上述第二点,基本上达成了如下的一致观点。即,在具备强关联共同性(民法第 719 条第 1 款前段)的情况下,不必要求各自的行为与损害之间的因果关系(只要共同行为与损害之间存在因果关系即可);在具备弱关联共同性(民法第 719 条第 1 款后段)的情况下,从法律上推定因果关系,如果被告能够成功证明自己的行为与全部损害之间不存在因果关系,则被免责,如果被告能够成功证明自己的行为仅

---

① 栗山忍『最高裁判所民事判例解説 昭和 43 年度』469 頁。
② 四宫和夫『不法行为』(青林书院、1987 年)765 頁。
③ 平井宜雄『債権各論Ⅱ 不法行为』(弘文堂、1992 年)191 頁。

与部分损害之间存在因果关系，则被减责。但是，关于山王川事件的第一个方面的论点，在理论上尚未形成定论。

但是，沿袭截至当时的最高一级审判的立场①，本案判决关于"在共同行为人各自的行为客观上相关联，共同且违法地导致损害的情况下，当各自的行为分别独立具备侵权行为要件之时，各自应就与前述违法的加害行为存在相当因果关系的损害承担赔偿责任"的明确表述，是非常重要的。此判决的这一阐述倍受学界关注，并成为民法第719条的解释论得以发展的开端②。另外还有必要记住的是，这一最高法院的立场，此后不断得到沿袭，甚至还影响到了最判平成13年3月13日民集55卷2号328页（以下称为"平成13年判决"）。

平成13年判决对于交通事故和医疗事故相竞合的情况，也适用了民法第719条第1款前段的规定，而在此事件中，交通事故与医疗事故均对被害人的死亡存在明确的因果关系。而且，此判决明确显示了仅根据"保护被害人"这一利益衡量就不允许免责、减责的价值判断。如果仅根据"保护被害人"作为侵权行为法的价值判断标准的话，则民法第719条就应全部作为无过失责任，也将不需要因果关系（只要具有构成因果关系的一定可能性就足够了）。但是，如果侵权行为法是以"公平分担损害"为目标，那么，从"私权自治原则"的观点来看，此判决的价值判断难言公平。

不过，平成13年判决是讨论应如何处理有关过失相抵方法的主战场。值得瞩目的是，关于这一点，此后的判决③，采用与此判决相异的过失相抵方法。

而且，最重要的是，诸如平成13年判决中交通事故与医疗事故的竞合事例，即使是作为通说的"客观关联共同性说"，也基本上一致认为，不应将其理解为"共同侵权行为"④。

---

① 大判大正2年4月26日民録19輯281頁、最判昭和32年3月26日民集11卷3号543頁。
② 前田達明『判例不法行為法』（青林書院新社、1978年）162頁。
③ 最判平成15年7月11日民集57卷7号815頁。
④ 平井宜雄『債権各論Ⅱ 不法行為』（弘文堂、1992年）209頁。

最后，从前述的判例分析视角来看，关于视角1，本判决采取了"客观关联共同性说"（不过，并未提及其内容）；关于视角2，由于被告为一人，则不成为问题；关于视角3、视角4、视角5，也没有提及。

因此，如前所述，从探究民法第719条的判例法理这一观点出发，此最高法院判决并不一定有益。其结果是，分析以下的下级法院判决，是不可欠缺的。

三、四日市公害诉讼判决

1. 民法第719条的概要

（1）前提

关于这一点，四日市公害诉讼判决首先将以下情况作为前提。"正如前述二及三所探讨的那样，已认定六家被告公司①的工厂煤烟作为整体而成为矶津地区的主要污染源，而且，也已认定前述大气污染致使原告们罹患闭锁型肺疾病，症状加剧"。即，本判决将民法第719条第1款的共同侵权行为作为问题的前提是：①六家被告公司的工厂所排煤烟作为整体而成为原告们所居住的矶津地区的主要污染源，即确定六家被告公司的侵权行为；②确定其侵权行为（大气污染）与原告罹患疾病以及症状加重之间的因果关系。

（2）立法宗旨

在此基础上，判决认为，"要成立共同侵权行为，各人的行为应分别具备侵权行为的要件，而且，行为人之间要存在关联共同性"。在"共同侵权行为的因果关系"这一部分，判决首先做出了如下定义，即"由于各人的行为必须具备侵权行为要件，所以各人必须具备故意、过失、责任能力，并且违法性也应该被作为问题。同时，在第719条第1款前段所规定的狭义共同侵权行为的情况下，各人的行为与结果的发生之间要存在因果关系"。接下来，作

---

① 昭和四日市石油股份有限公司、中部电力股份有限公司、石原产业股份有限公司、三菱油化股份有限公司、三菱化成工业股份有限公司、三菱孟山都化成股份有限公司。

为在民法第709条之外再设置该法第719条的意义的根据,该判决对此处所言因果关系的含义,做出了如下定义,即,"关于因果关系,应该理解为,即使仅靠各人的行为不足以引起结果发生的情况下,如果能够认定该行为与他人的行为相结合而导致结果发生,而且,假如没有该行为就不会发生该结果就足够了,不要求仅靠该行为就能导致结果发生。如果要求仅靠该行为就有导致结果产生的可能性,并且将共同侵权行为之债务看作是不真正连带债务的话,则在第709条之外另外设置第719条的意义就不复存在了"。在此,首次明确了民法第719条所蕴含的因果关系的内容。

(3) 主张及举证责任

其次,判决以上述各点作为具有关联共同性的侵权行为的媒介,关于因果关系的推定与当事人的主张及举证责任的内容,明确了其根据。即判决认为,"对于共同侵权行为的被害人而言,只要证明了加害人之间存在关联共同性,以及由共同行为而导致了结果,则在法律上就可以推定各个加害人的行为与结果发生之间的因果关系;对于加害人而言,如果不能证明各人的行为与结果的发生之间不存在因果关系的话,则不能免除责任。其理由在于,根据第719条第1款后段的规定,即使在各个行为人的行为与结果发生之间的因果关系不明的情形下,全体共同行为人仍应承担连带债务,所以如果从诉讼上的观点来看,在通常情形下(无论加害人是否明确),当被害人请求共同行为人履行连带债务之时,没有必要对各个行为人的行为与结果的发生之间的因果关系进行主张及举证"。

(4) "关联共同性"的含义

那么接下来成为问题的是,"各行为人的行为之间的关联共同性"的含义。本判决以前述内容为前提,将关联共同性的含义理解为"客观关联共同性",并将其内容进一步细分为"弱关联共同性"和"强关联共同性",并进行了明确化。第一,"①弱关联共同性。(一)关于共同侵权行为中各行为人的行为之间的关联共同性,应理解为仅有客观关联共同性足矣。而且,应理解为,前述客观关联共同性的内容,要求对结果的发生,具备在社会观念上被整体上视为一个行为这种程度的一体性,且仅此足矣""这种客观关联共同性,应理解为,在企业集团(联合企业)的情况下,只要属于其成员就通常认为具备了客观关联共同性,但同时又不限于企业集团的成员。(二)如前所述,共同侵权行为中各人的行为,即使无法单独引起结果发生,而是与其他行为相结合才会引起结果发生,也应理解为不妨碍其成立共同侵权行为。在这种情况下,由于系因特别情况而发生了结果,因此,应理解为必须预见或能够预见其他原因行为的存在,以及与其他原因行为相结合而有可能引起结果的产生"。第二,关于"②强关联共同性",判决认为,"如果认定被告等工厂之间超过了前述的关联共同性而形成了更为紧密的一体性之时,即使认定该工厂所排煤烟较少,其自身行为与结果的产生之间不存在因果关系的情况下,也不能免除其对结果的责任"。

2. 民法第 719 条第 1 款前段的解释

以上所介绍的四日市公害诉讼判决中关于民法第 719 条第 1 款的解释论,构成了将在第四部分以后所要探讨的一系列公害诉讼判决的基础,从这一意义上讲,其对于"历史的解释"而言具有重要意义。

首先,民法第 719 条第 1 款前段的一般性定义如下所述。(1)民法第 719 条第 1 款前段规定了如下旨趣:具备客观关联共同性的共同行为与结果的产生之间存在因果关系的话,就可以从法律上推定各个加害人的行为与结果的产生之间的因果关系,只要加害人无法证明各自的行为与结果的产生之间不存在因果关系,就无法免责。(2)关于共同侵权行为人之间的关联共同性,只要具备客观关联共同性就足够了。(3)其中,在具备"弱关联共同性"(就结果的发生而言,该行为具备了在社会观念上被视为一个整体行为这种程度的一体性)的情况下,前述(1)中的观念是妥当的,这种弱关联共同性,虽然"在企业集团(联合企业)的情况下,属于其成员通常就可以予以认定,但同时又不限于企业集团的成员","在这种情况下,由于是因特别情况导致结果的产生,因此,必须预见或能够预见其他原因行为的存在,以及与其他原因行为相结合而有可能引起结果的产生"。(4)与此相对,在具备"较强的关联同共性"(被认定具有更紧密的一体性)的情况下,即使认定该工厂所排放的煤烟较少,在该排放行为本身与结果产生之间不存在因果关系的情况下,也不能对结果免责。

3. 对判例的分析

接下来从判例分析的视角来看一下四日市公害诉讼判决。

(1) 第一,关于视角1,①明确了民法第719条第1款前段关于因果关系的含义;②在此基础上,在与因果关系含义的关系上,采用了"客观关联共同性说",其中,提出了"强关联共同性"和"弱关联共同性"的观点;③基于被害人对关联共同性以及共同行为与结果之间的因果关系的证明,在法律上可以推定各行为与结果产生之间的因果关系。④其结论是,在弱关联共同性的情况下,加害人通过举证各人的行为与结果之间不存在因果关系,即可免责。⑤与此相对,在强关联共同性的情况下,不能免除对结果的责任。

(2) 第二,关于视角2,认定在六家企业之间适用民法第719条第1款前段的规定。其实际情况在于:首先,认定六家被告公司之间存在弱关联共同性。即,"毗连矶津地区的六家被告公司的工厂依次相邻,以原海军燃料厂旧址为中心进行集团式选址,而且,由于几乎在同一时期开始并持续生产活动,因此,(六个企业之间)存在前述的客观关联共同性"。在此,考虑了被告等工厂在场所上的毗连性,在时间上的接近性要素。但是,这种客观关联共同性,并不仅仅限定于企业集团(联合企业)的成员之间,在认定共同侵权行为人各人的行为与他人的行为相结合才会导致结果产生的情况下,作为由于特别情况而导致的结果,要求具备如下要件:预见或可能预见到其他原因行为,以及与其他原因行为相结合而可能导致结果产生。

由此,判决认定,"对照本案来看这一点的话,如前所述,由于被告工厂相互毗邻,且作为企业集团(联合企业)的相关工厂而操业,因此各被告对其他被告工厂的操业内容或规模存在认识的可能性,并当然可以预见到这些企业燃烧与本企业一样的重油,并且排出含有硫氧化物等的煤烟,而且,从前述所认定的矶津地区与被告工厂之间的位置、距离关系,四日市一年间的最多风向等气象条件来看,能够认定,各被告对于本企业的前述煤烟会与其他企业的煤烟相结合而到达前述原告的居住地","以及煤烟对人体健康产生影响具有预见可能性,由此可以认定,被告工厂对于(煤烟)可能对前述地区的居民产生损害具有预见可能性"。

因此,我们可以说,判例基于①六家被告公司在(矶津地区的)场所上的接近性;②对于本公司的煤烟会与其他公司的煤烟相结合而到达原告居住地,并且可能导致地区居民产生损害具有预见可能性等,肯定了"弱关联共同性"。

在此基础上,关于三菱油化、三菱化成、三菱孟山都这三家被告公司,判决进一步以"被视为具有特别紧密的结合关系"为由,肯定了"强关联共同性"。"即,三家被告公司分担着一整套生产技术体系的各个部门。被告三菱油化,采用如前所述的方法分解轻油,制造乙烯等石油化学基础产品等;被告三菱化成、被告三菱孟山都,将这些石油化学基础产品作为自己公司的原料,制造聚氯乙烯或 2-乙基己醇等二次产品,特别地,自己公司并不生产这些产品的制造工程所不可欠缺的蒸汽,而是各自从被告三菱油化获得大量的供给,或者曾经获得大量的供给。除此之外,如前所述,被告三菱孟山都向被告三菱油化和被告三菱化成、被告三菱化成向被告三菱孟山都,各自输送了产品和原料。而且,在多数情况下,是通过管道供给相关产品、原料和蒸汽,在技术上、经济上不可能或难以从被告之外的公司接受供给,因此,这三家被告公司之间存在以下这种程度的机能、技术、经济等方面的紧密结合关系;其中某一公司要改变其业务时,不得不考虑与其他公司的关联。这样,由于前述三个被告公司的工厂,在密不可分地相互利用其他公司的生产活动,进行各自的生产活动,与此相伴随的,也排出了煤烟,由此不仅可以认定前述三个被告公司之间存在强关联共同性,而且,还可以认定这些公司具有在前述设立经过及资本方面的关联,由此可以理解,就上述三家被告公司而言,即使本公司所排出的煤烟量少从而无法据此认定其与结果的发生之间的因果关系,但考虑到与其他公司所排出煤烟的关系,则不能免除对结果的责任"。

即,关于这三家公司之间的强关联共同性(紧密的结合关系),判例指出了如下观点:①"各部门分担着一整套生产技术体系的各个部门";②"存在

'某一公司变更其业务时不得不考虑与其他公司的关联'这一程度的、在机能、技术、经济等方面的紧密结合关系";③"前述三家被告公司的工厂,一方面密不可分地互相利用其他公司的生产活动,进行各自的生产,与此相伴随的,也排出了煤烟";④不仅可以认定"前述三个被告公司之间具有强关联共同性",也可以认定这些公司之间具有在前述设立经过以及资本方面的关联"。以此为根据,判例肯定了"强关联共同性"。

(3) 第三,关于视角3、视角4,本判决并未言及,这是因为本判决将弱关联共同性置于民法719条第1款前段的位置来考虑。也就是说,本判决将民法719条第1款前段进行了"双重构造"。

不过,众所周知的是,这一法律构成,遭到了此后的学说批判(即,应理解为,民法第719条第1款前段规定了强关联共同性,后段规定了弱关联共同性)[①]。

因此,正如以下分析的那样,以西淀川公害第一次诉讼判决为首的一系列判决,采取了如下法律构成:分别将民法第719条第1款前段定位于强关联共同性,将后段定位于弱关联共同性;根据前段,对于不允许免责、减责的全部金额,认定共同侵权行为人对其承担不真正连带责任;根据后段,认定侵权行为人对于减责、免责承担主张及举证责任。关于这一点,有必要注意本判决和此后的一系列公害诉讼判决所存在的差异。不过,即使在这种情况下,后述的西淀川公害的第二次—第四次诉讼判决,也沿袭了将民法第719条第1款前段分为"强关联共同性"与"弱关联共同性"这种双重构造的方法。

(4) 关于视角5,首先,关于关联共同性的分析非常重要。关于这一点,被告企业主张"由于被告工厂的烟囱分散在各个方面,其高度等也不尽相同,因此,煤烟没有在互相结合的情况下到达矶津地区"。但是,本判决认为,"如果被告的意思是,被告们所排放的煤烟需要在互相结合的情况下到

[①] 淡路剛久「四日市公害判決の法的意義(四日市判決をめぐって)」判例時報672号(1972年)7頁、10頁。

达矶津地区的话,则很显然这一主张欠缺理由。而且,有时 A 工厂所排煤烟成为污染的原因,而在其他时候,B 工厂所排煤烟成为污染原因,这些污染聚积而产生损害的情况下,也不妨碍共同侵权行为的成立",判例以此为理由驳回了被告企业的主张。同时,对于"被告三菱孟山都等主张不能预见自己公司以外的被告工厂所排煤烟的发生、到达以及原告疾病的因果关系等,且本公司所排出的煤烟极少,因此,不存在预见其与其他公司所排出煤烟结合而发生损害的可能性",判决认为,"关于对原告疾病的预见可能性,将在有关过失的部分进行探讨;关于污染的预见可能性,从前述有关其他工厂的业务内容、大概规模、地理关系、气象条件等因素来看,能够得出肯定的结论。在这种情形下,应理解为对各家公司的工厂的煤烟排出量和到达量的详细情形具有预见可能性。

同时,关于被告三菱化成、被告三菱孟山都,既然可以认定它们对于被告三菱油化所排放的煤烟与其他被告工厂所排放的煤烟相结合而可能导致结果产生具有预见可能性,则前述被告的主张也没有理由",以此为由,即使对于这一点,判决也驳回了被告的主张。

4. 因果关系

关于如前所述的六家被告公司间成立共同侵权行为的前提,"可以认定六家被告公司的工厂所排放的煤烟作为一个整体而成为矶津地区的主要污染源,同时,也可以认定原告由于前述大气污染而罹患闭锁性肺疾病、疾病症状加重等事实",也就是说,判决将大气污染物质(侵权行为)与原告疾病之间存在因果关系作为了前提。

那么,此处因果关系的存在,是如何认定的呢?在公害诉讼中,如何认定因果关系这一问题已经成为重大的争论点。在包括本判决在内的所有公害诉讼判决中,均对此做出了极其详细的认定。因此,在此仅概述判决关于这一点的主要内容。关于因果关系的认定,本判决认为,"在所谓公害事件中,从该事件所具有的特殊性质出发,采用流行病学方法探究病因发挥着重要作用""在本案中,当事人之间有关原告罹患疾病与大气污染之间关系的主张及举证,也首先聚焦于这一点,因此接下来从流行病学的观点出发来探讨四日市城区特别是矶津地区罹患闭锁性肺疾病患者的增加与大气污染之间是否存在关系", 不过, "毋庸赘言, 我们在此将要探讨的是法律因果关系的有无, 作为其前提的是自然因果关系①的有无。因此, 对事实因果关系有无的探讨, 也应停留在为判断前述法律因果关系有无所必要且充分的程度"。在这一前提之下, 在进行了详细探讨之后, 判决指出, "根据上述众多流行病学调查的结果和有关对人体影响机理的研究来看, 在四日市城区、特别是矶津地区, 自昭和36年(1961)开始, 闭锁性肺疾病患者急剧增加, 这是无可辩驳的事实。其原因在于, 可以认定以硫氧化物为主要成分的大气污染, 也符合前述流行病学的四个原则。综合前述事实, 以及前述动物实验的结果, 硫氧化物规制的现状以及证人吉田克已(第一次)、大岛秀彦、今井正之、柏木秀雄等各自的证言来看, 前述矶津地区所出现的罹患闭锁性肺疾病患者急剧增加的原因, 就是以硫氧化物为主, 加上煤尘等相互共存的协同效应所导致的大气污染。如前所述, 关于动物实验, 尽管存在不同结果, 但是, 动物实验的结果, 应当将其和根据流行病学分析方法所得到的假说的确定性程度等进行综合性判断。在本案中, 根据前述动物实验, 发现了低浓度亚硫酸气体对活体影响的肯定案例。判例认为, 在以实验方法证明了(低浓度亚硫酸气体)对动物活体具有影响的可能性这一点上, 是有积极意义的。

同时, 如前所述, 自1961年左右开始被发现的闭锁性肺疾病患者急剧增加的事实, 是不可动摇的事实。可以说, 不存在除大气污染以外能够说明这一现象的更好假说, 是对前述结论的背书", 判决因此肯定了大气污染与疾病之间的(事实性)因果关系。

四、西淀川公害第一次诉讼判决

1. 民法第719条第1款前段的共同侵权行为的一般定义(视角1)

本判决认为, "关于共同侵权行为中各行为人的行为之间的关联共同性, 是否存在共谋或者共同的认识并不重要, 具有客观上的关联共同性足

---

① 即, 事实性因果关系。——译者

矣"（客观关联共同性说）。而且，"作为民法第 719 条第 1 款前段所规定的共同侵权行为的效果，共同行为人各自对全部损害承担赔偿责任，而且，不允许因个别事由而减轻、免除责任"。那么，"既然实行如此严格的责任，在关于关联共同性方面，也应该课以相应的限制"，在此前提下，本判决认为，"在众多污染源的排烟等相互叠加才会导致被害产生的情形下，仅仅是被告们的排烟等也相互混合而成为污染源，即仅仅是被告们参与加害行为的一部分（即所谓弱客观性关联）并不充分，还需各被告之间具备更加紧密的关联共同性"，作为"紧密的关联共同性"的具体内容，判例定义为"具备让共同行为人各自连带承担损害赔偿义务仍属妥当这一程度的、从社会观念来看具有一体性的行为"（即所谓强关联共同性）。而且，"作为其具体判断标准，应该结合预见或预见可能性等主观要素，以及工厂的相互位置状况、地域性、工厂开始运行的时期、运行状况、有无生产工程上的功能及技术方面的结合关系及其程度、有无资本与人员方面的结合关系及其程度、污染物排出的形态、污染物排出的必要性与排出量、对污染的作用程度以及其他客观要素，进行综合判断"。

2.（1）那么，以此为前提，在怎样的被告之间，判决承认了民法第 719 条第 1 款前段的适用呢？（分析视角 2）

关于这一点，在本案中成为问题的是，在大阪市西淀川区、此花区、住之江区、福岛区、堺市及兵库县尼崎市所设置的 10 家企业，国道 2 号线与国道 43 号线的设置管理者——国家，以及阪神高速大阪池田线与大阪西宫线的设置管理者——阪神道路公团①共计 12 个被告所排放的大气污染物质造成原告健康被害等损害的情形下，被告们是否成立共同侵权行为。不过，本判决驳回了原告对国家和阪神道路公团的请求［否定了氮氧化物（二氧化氮）与健康被害之间的因果关系］；关于 10 家企业，判决承认适用民法 719 条第 1 款前段的规定。因此，以下将进一步分析 10 家企业之间的关联共

---

① 全称为"阪神高速道路公团"，系日本过去所存在的特殊法人，依据《阪神高速道路公团法》，于 1962 年 5 月 1 日设立，从事阪神高速道路的建设与管理。2005 年 9 月 30 日解散。——译者

同性。

（2）首先，本判决否定了基于"污染物质的一体性"的关联共同性。即"不特定多数的污染排出源与被告之间的所谓强关联共同性，在概念的性质上也难以得到承认。另外，实际上本案涉及的地区位于我国屈指可数的大工业地带即阪神工业地带，阪神工业地带从其形成过程来看，是由于各个企业基于各自的判断进行选址，结果各种工业偶然地聚集在一起而形成的工业地带，各企业之间的结合关系相对较弱，因此，不能认为诉外临海工业地区的不特定多数的工厂群与被告之间存在所谓强关联共同性，而且，由于也缺乏对此的相关证明，因此无需再对其他方面进行判断也可以知道，上述见解有失妥当"。

判决认为，"关于被告企业，自明治时代开始至1956年这一较长的时期里，不过是为谋求广阔的工厂用地、海运的便利以及劳动力等而零零散散地在此选址设立工厂并运行，本案所涉及的工厂、营业所也分散在大阪湾沿岸东西约7公里、南北约20公里的地域，行业种类各式各样，钢铁业有四家公司，陶瓷业有两家公司，燃气、电力、化学、炼焦各有一家公司，关于各被告企业之间在生产工程的功能与技术方面的结合关系，原材料及产品方面的交易关系，以及资本、人员、组织方面的结合关系，除围绕关西热化学公司的关联以外，并未发现其他关联关系，相关结合关系较弱"。

（3）其次，判决否定了以"通过被告关西电力所形成的一体性"为依据的关联共同性。即"电力是国民经济生活中不可或缺的能源，将作为一般性能源的电力的供给关系，作为判断是否具有连带承担损害赔偿义务仍属妥当这一程度的、社会一体性的关联性指标，是不妥当的。而且，由于根据《电力事业法》采取地域独占形式，近畿地区的电力供给者只有被告关西电力。只要有申请，被告关西电力就不得不供应电力，即使是被告企业的工厂、营业所，也具有都只能从被告关西电力接受电力供应这层关系，钢铁业等的电力消费型产业，也不例外。如果被告企业的工厂所使用的电力，是为了专用于工厂而进行了特别加工的话，则另当别论；原告所称的技术一体性，充其量就是被告企业的工厂使用大量的电力，这种电力供需关系，在诉外工厂中自不必说,就算是与包括原告在内的一般市民生活中的电力供需关系也并无区别。另外,虽然原告主张尼崎地区的火力发电站是面向包括被告企业在内的工业地带的工厂而建设的,但被告关西电力作为一般电力经营者,由于负担着满足近畿一带的需要、供应稳定电力的社会责任,因此,应认为其不是面向特定地域的产业而建设发电站,而是为应对包括原告在内的近畿一带的用电需要增大而建设了发电站"。

(4)与此相对,关于"围绕被告关西热化学的关联性",肯定了被告关西热化学、被告神户制钢及被告大阪瓦斯这三家公司之间的关联共同性。判决指出,"被告关西热化学是于1956年以向被告神户制钢(旧尼崎制铁、神户制铁所、加古川制铁所)供给焦炭为目的而设立的公司,其资本构成为,在设立时资本金为5亿日元,三菱化成占60%,旧尼崎制铁占20%,被告神户制钢占20%;现在的资本金为60亿日元,三菱化成占51%,被告神户制钢占39%,被告大阪瓦斯公司占10%;在16名高管中,由被告神户制钢派遣5名,被告大阪瓦斯派遣1名;其所生产的产品中,主要产品焦炭供给被告神户制钢,副产品焦炭炉煤气供给被告大阪瓦斯作为城市煤气使用,供给被告朝日玻璃作为除冷炉燃料,供给被告神户制钢作为热风炉燃料(至1987年9月神户制钢尼崎工厂停业为止),向三菱化成供给焦油类。因此,在被告关西热化学、被告神户制钢以及被告大阪瓦斯三者之间,成立民法第719条第1款前段所规定的共同侵权行为"。在此,在前述判断标准之中,判决着眼于"有无生产工程中的功能及技术方面的供给关系及其程度,有无资本、人员组织上的结合关系及其程度",承认了"强关联共同性"。

(5)再次,关于"环境问题的关联性",自1970年以后,判决肯定了强关联共同性。即,判例认为,"伴随着对公害规制的扩大与强化,历来被认为相互间没有关系的各企业的活动,在公害环境问题上相互关联这一点得到了认识,或者说应该被认识到";以关联性认识(自我认知)的必要性为前提,判决对于应肯定关联性认识(自我认知)的因素进行了如下阐述。"关于大气污染,1962年制定了《煤烟规制法》,旨在规制个别煤烟的排出浓度,但即便如此,也无法应对煤烟污染的事态,公害愈加严重。1967年制定了《公害对策基本法》,1968年制定了《大气污染防止法》,导入了所谓K值规制方式,实施了依据季节变化的燃料使用规制,但是大气污染仍然日趋严重,在这种情况下,大阪府于1969年6月发布了蓝天计划,1970年6月大阪市制定了《西淀川区大气污染紧急对策》。自前述《大气污染防止法》制定至《西淀川区大气污染紧急对策》公布的过程中,作为所谓大企业的各家被告企业已经意识到或者应该意识到,各自企业的活动在公害环境问题方面存在着较强的相互关联性。在这种情况下,可以说,被告企业至迟在1970年以后,至少已经意识到或者应该认识到,位于尼崎市、西淀川区、此花区的临海地区的被告企业的工厂或营业所排放的污染物质相互聚合成一体而污染了西淀川区,并导致原告健康受损。因此,最迟在1970年以后,被告企业间成立民法第719条第1款前段所规定的共同侵权行为"。在此,在前述判断标准中,判例特别地着眼于"预见或预见可能性等主观要素",从而肯定了"强关联共同性"。

3. 民法第719条第1款后段的一般定义(分析视角3)

关于这一点,本判决认为,"在民法第719条第1款后段的共同侵权行为中(前述后段的共同侵权行为,规定了通过共同行为推定各人的加害行为与损害的发生之间的因果关系),可以理解为各个共同行为人,对全部损害承担赔偿责任,但允许对减责、免责进行主张与举证。"在此,"虽然具备关联共同性是必要的,但应理解为,在这种情形下的关联共同性,仅具备客观关联共同性足矣(即所谓弱关联共同性即可")。本判决认为,民法第719条第1款后段的规定,是以弱关联共同性作为要件的,是对因果关系推定的规定,与前段规定相异,是允许对减责、免责进行主张与举证的规定。

同时,民法第719条第1款后段的规定,也适用于加害人不明时的共同侵权行为(参与程度不明的情形)的情形。即,"西淀川区的大气污染,虽然是以西南型污染与东北型污染作为整体而对西淀川区的大气造成污染的、所谓城市型复合污染类型,但是,各被告企业的工厂、营业所的排烟,系昭和40年代(1965—1974年)前半期为止的西南型污染的主要污染源之一,而且,原告们因前述大气污染而罹患了本案中的疾病,或者该疾病的症状不断持续或恶化。

如前所述,由于西淀川区的大气污染是由西南型污染与东北型污染相互对抗相互影响而对原告罹患疾病发挥了作用,虽然在昭和40年代(1965—1974年)前半期的西南型污染中,被告企业的影响程度不明,但即使在这种情况下,仍成立民法第719条第1款后段规定的共同侵权行为"。

4. 那么,具体而言,判决对处于何种关系的被告之间承认了民法第719条第1款后段规定的适用呢(分析视角4)? 关于这一点,10家被告企业,对1969年以前的损害在二分之一的限度内承担(分割)责任(关于分割责任,参见后述5)。

5. 关于判例中原告与被告的"连接点"(分析视角5)

(1) 必须注意的是,在探讨上述被告企业对于共同侵权行为成立的责任范围时存在一个前提,那就是认定全体被告共担的责任比例(影响程度)。关于这一问题,通过被告企业的如下主张而被放在了舆论的浪尖上。即,本判决在确认"被告企业的工厂、营业所排出的污染物质已到达本案地域本身没有异议"这一点以后,被告企业提出了如下主张,即"尽管在临海工业地带,也存在被告企业的工厂、营业所,但是,由于也存在其他包括中小污染发生源在内的众多污染发生源,因此,在讨论被告企业对西南型污染的影响时,也应该考虑这些中小发生源"。于是,本案判决对被告企业的这种主张进行了探讨。

关于这一点,本判决将"西淀川区的大气污染特征"分为"西南型污染"与"东北型污染"两种类型,在确认几乎全部被告企业的工厂、营业所均位于西南型污染源的基础上,作为前述被告主张的结论,本判决基于被告企业的地域综合模拟实验(适用总量规制手册,认为具备充分的整合性),得出了如下结论,即"被告企业的工厂、营业所对西淀川区大气污染的影响程度,从10家被告企业的总量来看,1970年度大约不超过35%,1973年度大约不超过20%","但是,在被告企业的工厂、营业所中开始采取有效的公害对策","是从1970年左右开始,因此,被告企业的工厂、营业所对1969年以前的西淀川区的大气污染的影响程度不会低于上述比例"。

通过上述研讨,本判决将西淀川区的大气污染定义为,不存在可以称之为主要污染源的排出源,而是由无数大、中、小排出源所排出的污染物质复合而成的污染,即所谓"城市型复合大气污染"。

根据以上探讨,如前所述,本判决认为,在"民法第719条第1款后段的共同侵权行为"中,"西淀川区的大气污染,虽然是以西南型污染与东北型污染作为整体而对西淀川区的大气造成污染的、所谓城市型复合污染类型,但是,被告企业的工厂、营业所的排烟系昭和40年代(1965—1974年)前半期为止的西南型污染的主要污染源之一,而且,原告因前述大气污染而罹患本案中的疾病,或者该疾病的症状不断持续或恶化",另外认为,"西淀川区的大气污染,是西南型污染与东北型污染相互对抗并相互影响而对原告罹患疾病发挥了作用。因此,尽管在昭和40年代前半期的西南型污染中被告企业的影响程度不明,但即使在这种情况下,仍成立民法第719条第1款后段的共同侵权行为"。

在此基础上,判决就"比例责任"进行了如下阐述。"西淀川区的大气污染,是由西南型污染与东北型污染相互对抗而致的污染,正如前面所见的那样,其影响程度大体相当。同时,并无足够的证据认定被告企业各自对1969年以前的西南型污染的影响程度(被告企业一贯主张,排出量不是决定西淀川区的大气污染影响程度的指标)。因此,被告企业就1969年以前的损害应在二分之一的限度内承担责任"。与此相对,"对于1970年以后的部分,根据地域综合模拟实验,明确了各家被告企业对西淀川区大气污染的影响程度。但是,在1970年以后,如前所述,由于能够认定各家被告企业之间在环境问题方面的所谓较强关联性,因此,不允许根据各家被告企业的影响程度分割责任。因此,在1970年以后,应以前述10家被告企业总计的影响程度为基础承担责任"。具体而言,"被告企业的负担数额",以前述"贡献率"所显示的比例为基础,"被告企业对西淀川地域的大气污染的影响程度,如前所述,截至1970年是50%,此后直至1973年为止是35%,再往后是20%,被告企业应遵循上述影响程度承担前述损害赔偿责任;考虑到受害人暴露期间、在前述发病时期采取的措施等情况,被告企业承担损害赔偿责任的比例分别是,对于被认定为至1971年为止已经发病的原告承担50%(损害赔偿额),对于被认定为于此后至1974年期间发病的原告承担35%,对于被认定为此后发病的原告承担20%"。即,被告企业按照以下比例承担分割责任:至1970年为止对疾病症状的承担责任比例为50%,至1971年为止承担责任的比例为30%,至1974年为止对发生疾病症状的原告承担责任的比例为35%,此后的比例为20%。

（2）本判决关于上述这种"比例责任"的见解,在公害诉讼判决中,有别于前述3中有关民法第719条第1款后段的免责、减责,而是就共同侵权行为人(数个加害人)认定了与其参与程度相适应的比例责任(参与比例)。也就是说,共同行为人(各家被告企业)应连带承担责任的,对"已发生的全部结果(全部损害),可按照参与程度进行分割,其结果是,共同侵权行为人全体成员应承担的损害赔偿数额被减额。这种比例责任的见解在裁判例上滥觞于关西电力多奈川火力发电站公害诉讼第一审判决①。在该判决中,法院在原告所主张的竞合性加害关系被认定的场合下,认识到被告基于诚信原则而提出了限定责任的假定抗辩,在此基础上,以诚信原则为根据,通过四个考虑事由限定了关西电力的责任。这就是所谓责任分割(以下称多奈川判决所论)。

"第一,竞合的加害关系原则。被告在本案中的侵权行为,属于竞合的加害关系。也就是说,被告由于第一火力发电站所排出的大气污染物质的排出行为,与其他大气污染物质、患者原告的吸烟史、体质、年龄增加等因素相结合后,才导致原告罹患了疾病"。"换言之,能够认定如果不存在第一火力发电站的排放行为,患者原告的被害就不会产生(即能够认定存在事实上的因果关系),因此,在这种场合下,被告原则上应该对患者原告所遭受的全部损害承担赔偿义务。其理由是:①关于被告排出的污染物质作为患者原告的发病原因而起作用的部分,由被告对此承担责任,是理所当然的。②关

---

① 大阪地判昭和59年2月28日判例タイムズ522号221页。

于不能直接归责于原告与被告的粉尘、患者原告的体质、患者原告年龄的增加、患者原告的吸烟史"。"作为前述发病原因而起作用的部分,由于事关应该让实施了违法行为的被告承担全部责任,还是应该让毫无过错的无辜患者原告也负担部分损害的问题,从支配侵权行为的损害的公平分担理念来看,粉尘起作用的部分自不必说,就算是原告患者的体质等因素起作用的部分,也应该让作为违法行为人的被告承担责任。"

第二,例外情形(限定责任的抗辩)。①但是,前述关于损害分担的判断,与是否存在前述事实上的因果关系的判断相异,并非是基于逻辑上的必然关系而决定被告必须承担侵权责任,如前所述,这样考虑正是认识到这一想法与支配侵权行为的损害的公平分担理念相符合。因此,在对照损害的公平分担这一侵权行为的目的时,对于那些应考虑基于诚实信用原则而修正损害的公平分担原则的案例,也存在例外,也就是说,允许进行限定责任的抗辩。关于这一点,在由于受害人一方的因素等导致损害扩大的场合,曾经在诸多案例中,(暂且不论其在法律上的定位如何)判决在实质上是倾向于朝限定被告责任的方向考虑,但是,如果这样考虑的话,对于有可能成为发病原因的、除第一火力发电站所排出的大气污染物质之外的大气污染物质,也可以基于像对待前述因素一样的想法来予以考虑。②另外,适用这一诚实信用原则中的一般原则而承认限定责任之抗辩的观点,既不违背于1972年10月1日实施的《大气污染防止法》第25条之二的精神;另外,如果不承认限定责任的抗辩,则在诸如公害事件这种多数排出源相互作用而产生影响的情形下","只有较小作用的排出源,是对已经超过发病阈值而处于患病状态的患者的病情加重产生影响(参见前述并存的加害关系),还是与其他诸多原因相结合而对处于发病前夕的人产生致其发病的影响(前述竞合的加害关系),在这两种情况下,其被问责的范围明显不同,存在失衡之处,因此并不妥当。③限定责任的抗辩与过失相抵不同。限定责任的抗辩,并非如过失相抵一样,依照过失相抵宗旨即所谓原因相抵的抗辩而寻求被害人一方对(损害赔偿额)大幅减抵,因此,即使承认限定责任的抗辩,在实质上,过失相抵条文也不会成为一纸空文。④也许存在以下反对观点:在大气污染引发的公害事件中,由于本来就是仅对已存在某些体质因素等固有问题者造成损害,因此,在这种情形下,受害人的年龄增长因素、体质因素等自不必说,就连受害人有吸烟史这一因素,也不应考虑其特殊性而对责任进行限定。但是,大气污染公害事件,并不像交通事故那种、无论是否存在体质因素等都会导致加害产生的强有力的侵权行为,举例来说,由于是广范围内发生的弱侵权行为,因此大气污染的程度较轻,其违法性和有责性也较低的情形下,为避免得出片面地无视损害的实际形态的结论,对于损害赔偿的范围,也应该构思一种能够对具体案情予以考量的法律构造。

第三,关于基于一般条款即上述诚实信用原则的限定责任的抗辩,在何种情形下,能够起到何种程度的限定作用的问题,除了根据具体案情具体分析之外,别无他法。从本案来看,可以考虑以下情况:①除被告的侵权行为之外的原因,从物理角度来看,是发病的主要原因,而被告的侵权行为本身仅仅是发病原因的极少一部分,简单而言,即其他加害因素早已存在,被告的侵权行为只是引起原告患者发病的导火索;②在被告的侵权行为中并不存在故意责任,仅仅存在轻度过失等,被告侵权行为的违法有责性较小;③被告的侵权行为之外的原因接近原告患者一方的责任领域(例如吸烟史就是接近原告患者的责任领域,相反地,年龄的增加,则通常被认为并未接近原告患者的责任领域);④在让被告承担全部责任的场合,被告无法通过向其他人求偿(或者请求不当得利的返还)来分散该责任,在实质上也必须承担该责任。特别是,①与②所论情形极其重要。

第四,即使在能够承认限定责任抗辩的例外事例之中,在判断该限定比例之际,必须重视一点,即,这是在实施违法行为的被告与毫无责任的患者原告之间确定分担比例,也因此必须注意,不能仅从物理上的原因力的比例来决定责任分担的情况"。

多奈川判决虽然是关于关西电力这一家公司的判决,但可以认为,该判决的这种见解,在此后那些共同侵权行为成为问题的公害诉讼中也得到了采用,并已经固定下来。本案中10家被告公司的主张,显然也是以多奈川判决为基础而提出的。在本案之外,后述的仓敷公害诉讼判决中讲到,"如前所述,在仓敷市,除被告之外,还存在其他排出大气污染物质的企业。原告以污染物质到达原告居住地等而遭受被害为由,而能够追究被告的侵权行为责任的范围,应排除被告以外的污染源所污染的范围,仅限于被告所污染的范围","前述被告污染的范围(作用大小)","可以认定为80%"。上述表述正是此处所讲的比例责任。(除此之外,后述川崎公害第一次诉讼判决、名古屋南部公害诉讼判决,也有相同的阐述。)

(3)最后来看一下作为上述责任问题之前提的、大气污染与原告疾病之间因果关系的存在问题。关于这一点,本判决指出,"民事诉讼中的因果关系,是指在某事实与结果之间,要求证明能够认定前者导致了后者这一程度的高度盖然性。如本案这种以大气污染致使健康被害为理由的损害赔偿请求的事件中,也同样如此",以此为前提,判决指出,"关于大气污染物质,环境厅制定了环境标准,并予以公布","前述环境标准的目的为,为预防公众因公害致健康被害而从行政管理角度出发采取预防措施,不能因为环境标准已制定,就直接断言大气污染与本案疾病之间具有相当因果关系""此外,慢性闭锁性肺疾病并不是特异疾病,作为其发病以及症状加重的因素,除大气污染物质之外,也存在年龄增加、性别、种族、既往病史等内在因素和吸烟史(包括被动吸烟)、气候、职业因素、感染等外在因素。其中,判断大气污染与慢性闭锁性肺疾病的发病等之间的因果关系,明显是医学及公共卫生学这一专业领域的问题,是无比困难的研究工作。因此,关于事实上的因果关系,可以在以该领域的专家研究及其见解为依据的基础上,判断是否具有相当因果关系","可以说","(一)西淀川地区,伴随着事业活动及其他人的活动,而在相当范围内受严重大气污染的影响,从而成为疾病多发地域,由此被《公害健康被害救济特别措施法》指定为该法所规定的指定地域,也继续被具有相同宗旨的《公害健康被害补偿法》指定为该法的指定地域(第一种地域),该地域是我国最高一级的大气污染指定地域。(二)在第一种地域中,在指定地域现在的受认定患者数与对象人口之间的比例方面,西淀川区居全国之首。(三)《公害健康被害补偿法》,作为遵循民事责任的损害赔偿制度,以流行病学为基础,创造了以下这种制度性基准:对于被认定与人口群体具有因果关系的大气污染地域内的指定疾病患者,如果满足一定的暴露要件,就视为其疾病与大气污染之间具有因果关系。(四)在昭和30年代(1955—1964年)后半期至昭和40年代(1965—1974年)前半期进行的流行病学调查中,几乎均认定了持续性咳嗽和有痰症等与二氧化硫、可吸入颗粒物之间的较强的关联性。在本案地域进行的流行病学调查,也认定了同样的关联性。(五)在因采取了大气污染对策而出现二氧化硫和可吸入颗粒物浓度显著降低的昭和40年代后半期的流行病学调查中,也几乎均观察到了前述关联性。(六)除大气污染外,并不存在能够说明受认定患者数与对象人口的比例位居全国第一这一现象的假说"。在此基础上,关于"二氧化硫、粒子状态浮游物质(浮游粉尘)与健康影响"的关系,判例得出如下结论:"综观前述事实与前述专门委员会报告的结论,可以认定昭和30年代至昭和40年代西淀川区所发生的慢性支气管炎、支气管哮喘以及肺气肿的发病原因,是该地区的高浓度的二氧化硫、浮游粉尘"。如此一来,对于哪些曾在昭和30年代至昭和40年代居住在西淀川区,在相当长的时间内暴露于高浓度的二氧化硫、浮游粉尘之下,并且在昭和50年代(1975—1984年)初期该区域的高浓度二氧化硫、浮游粉尘被改善至大阪市内的平均水平以前就已发病者,可以推定是由于该地区高浓度的二氧化硫、浮游粉尘而导致罹患了本案疾病。前述所称相当长时间的暴露,可以综合考虑《公害健康被害补偿法》所规定的各疾病的暴露期间等进行判断。

其次,关于"氮氧化物与健康影响"的关系,判例得出如下结论:"无论是仅有二氧化氮的情况下,还是二氧化氮与其他物质相混合的情况下,尚未获得对于二氧化氮对健康的影响加以明确的充分知识。同时,在标准报告中,从流行病学研究的结论来看,尚无显示能够评价二氧化氮对健康影响的定量性基础资料,关于二氧化氮与健康影响之间的关系,尚不明确。在有关二氧化氮的判定条件等的专门委员会报告中,也仅仅评价到,不能否定大气中的二氧化氮与其他污染物质共同对人口群体中出现的持续性咳嗽和有痰症的发生发挥着一定作用的可能性。该报告也并未积极地承认(氮氧化物与健康影响之间的)明确的因果关系。由此看来,专业人员的评价也尚未明确。因此,现阶段的结论是,不能直接认定大气环境中的二氧化氮本身或者二氧化氮与其他物质的混合与本案疾病之间具有相当因果关系"。另外该判决还讲到,"在本案疾病中,关于哮喘性支气管炎,包括哮喘性支气管炎在内的疾病,除先前已被认定的慢性支气管炎等之外,不存在足够证据能够证明这些疾病与大气污染之间具有因果关系"。而且,"关于其他因素","香烟中包含了 4 000 种以上的化学物质,其中约有 200 种化学物质被认为(对人体)有害,其中,就包含了一氧化碳、氮氧化物等。虽然原因物质并不明确,但是,从流行病学调查、病理学知识、动物实验等来看,已确认吸烟是慢性支气管炎、肺气肿的病因。""但是,虽说吸烟对本案疾病会产生影响,但并不等于说这会使大气污染对本案疾病的影响也随之消失,也不会使因果关系此消彼长,因此需进行个案探讨。同样地,关于职业性暴露等其他因素对健康的被害,亦同"。接下来,判决就"原告罹患本案疾病"问题,对个别因果关系的有无进行了判断。即,在判决的"结论"部分,判决认为,"对于每位患者原告罹患本案疾病事实的证明,原告可以通过主治医生的诊断以及属于已由公害健康被害认定审查委员会审查而被认定为《公害健康被害补偿法》的受认定患者等证据进行替代举证(被称为"制度性因果关系论")。《公害健康被害补偿法》上的认定,是指基于主治医生的诊断书,由具备医学及其他公害相关的健康被害补偿相关学术经验的 15 名委员构成的公害健康被害认定审查委员会审查并作出的认定。在此限度内,原告的主张有其说服力。但是,《公害健康被害补偿法》上的认定,以谋求行政上的救济为目的,只要具备一定要件就能够获得认定。同时,关于《公害健康被害补偿法》认定的实际情况为,在 1982 年度,在全国范围内,一次审查会平均审查认定 141 件,而仅仅大阪市就被认定了 1 417 件,这很难说审查是花费了充足时间进行的,因此,如后所述,目前,有很多人是由于被认定为哮喘性支气管炎而得到了认定,而哮喘性支气管炎这一疾病名称本来是用于诊断小儿呼吸器官疾病的小儿科领域的诊断用语。在认定内容方面,也很难说是妥当的。因此,即使在获得《公害健康被害补偿法》认定的患者之中,也不能否定存在其他疾病患者掺混其中的可能性。原告均属于《公害健康被害补偿法》认定的患者,这只不过说明原告属于《公害健康被害补偿法》认定的罹患本案疾病的患者,换言之,这只不过说明原告接受了主治医生与认定审查委员会专业医生的二重审核这种具备相当重要分量的间接事实,在诸如本案诉讼这种原告是否罹患本案疾病成为重要争论点的案件中,虽说原告是《公害健康被害补偿法》上的受认定患者,但单凭这一点也不能认定原告就罹患了所认定的疾病。因此,在本案中,即使是作为《公害健康被害补偿法》上的受认定患者,原告也必须就罹患各疾病的事实进行医学上的举证"。判决在明确这一立场的同时,就"个别认定"的"总论"部分,得出了如下结论:"能够证明原告罹患本案疾病这一事实的材料极少。也就是说,在法院的再三劝告之下,原告提交的证明材料在内容上并不充分,尽管原告提交了诊断证明书(或诊断意见书、诊断书)、死亡诊断书(或尸体检验报告),但对于被被告方具体地指出罹患了其他疾病或有这种可能性的原告,相关原告并未提交详细的诊断书、病历、申请认定公害病之际所作成的体检书,以及其他资料等,因此,因举证不充分所导致的不利后果,应该由易于提出证据的原告自甘承受。原告关于健康损害的举证材料几乎均包括,主治医生制作的《诊断书(诊断证明书、诊断意见书)》《死亡诊断书(尸体检验报告)》、原告制作的《陈述书》、原告诉讼代理人制作的《陈述记录》、大阪市长制作的《基于公健法的认定证明书》、原告本人(法定代理人)或近亲属的陈述。被告企业就 18 个患者病例提交了梅田博道制作的《意见书》(证据),并援引了证人梅田博道的证言。不过,在梅田博道陈述证言后,原告提交了金谷帮夫医生制作的《医生意见书》(证据)以对抗梅田博道的意见书。法院认为,关于后述 2 各论部分所记载的原告,根据该项所记载的理由,难以认定其罹患本案疾病的事实与大气污染之间具有因果关系;其余原告的个别情况如第三分册认定的那样,这些原告罹患了第三分册的《三 公害病认定状况》中记载的本案疾病,考虑其居住经历等因素,承认了各自的疾病与大气污染(氮氧化物、浮游粉尘)之间的因果关系"。

五、川崎公害第一次诉讼判决

1. 本案判决的基本立场

本判决针对"原告主张在被告之间构成共同侵权行为,被告具有承担因本案大气污染导致原告健康被害所遭受的全部损害的赔偿责任",判决认为,"作为共同侵权行为的根据,原告主要主张适用民法第719条第1款前段规定,作为附加主张,原告也提出了类推适用该条后段的主张"。在此基础上,判决在括号部分提出了如下基本立场。即"原告主张,关于民法第719条第1款前段的共同侵权行为,仅存在客观关联共同性足矣;关于民法第719条第1款后段的共同侵权行为,则不需要关联共同性,被告则主张,关于该条前段的共同侵权行为,需要具备主观关联共同性或被视为与此相同程度的关联共同性,但原告和被告的任何一种主张都是对侵权行为责任的不当扩大或限制。特别是在诸如本案这种大气污染公害中,其不当性尤为突出。因此,原告和被告的主张均不予采纳"。也就是说,关于民法第719条第1款前段的关联共同性,本判决排除了"单纯的客观关联共同性"和"主观关联共同性"(或者被视为与此相同程度的关联共同性)的立场;关于民法第719条第1款后段,判决首先明确排除了不需要关联共同性的立场。如下所述,本判决采取了与西淀川公害第一次诉讼判决相同的立场,即在对民法第719条第1款前段和后段的一般定义中,基本上要求前段具备强关联共同性,要求后段具备弱关联共同性。

2. 民法第719条第1款前段之侵权行为的一般定义(视角1)

(1) 首先,判决认为,"关于民法第719条第1款共同侵权行为的关联共同性,为确定侵权行为责任,无论前段还是后段,只要共同行为存在客观上的关联共同性,足矣"。关于其具体内容,判决作出了如下定义,即"应该限定为对损害结果而言,已达到了从社会观念上可以将其视为一个整体行为这一程度的一体性"。在此基础上,由于"该条前段的共同侵权行为的关联共同性,要求共同侵权行为人之间具备紧密的一体性",因此,要求强关联共同性。这是因为,"虽说在构成该条前段及后段的共同侵权行为的场合,各个共同行为人都要对与共同侵权行为具有相当因果关系的全部损害负有赔偿责任,但在该条前段的场合,不允许被告根据共同侵权行为人的个别事由提出减责、免责的主张"。

(2) 其次,作为是否承认"紧密一体性"(强关联共同性)的判断标准,判决认为,"应综合衡量被告企业排出的本案大气污染物质的排放形态、该物质到达原告居住地的状况、作为前述大气污染物质排出行为之前提的被告企业在本地域的选址状况与工厂运行状况、被告企业相互间有关生产活动的经济或人员方面的结合状况、被告企业应对本案大气污染物质影响的措施等"。由此看来,在这一判断标准中,与此前西淀川公害第一次诉讼判决相异,排除了主观要素。但是,正如通过视角 2 所考察的那样,在肯定"公害对策一体性"时,将被告企业自身对于其所排出的污染物质会相互混合起来对原告健康产生影响具有认识可能性作为前提而援引认识义务,由此看来也考虑了主观要素,因此,在实质上,可以说本判决采取了与西淀川公害第一次诉讼判决相同的立场。

3. 关于视角 2,情况如何?

(1) 在本案中,作为被告的 13 家企业、国家(国道的设置者、管理者)以及首都高速道路公团①是否构成共同侵权行为,成为问题。关于"本案道路与道路一览表(二)所记载的道路之间的关联性",本判决否定了一体性;关于"被告企业与本案道路之间的关系",判决也以"被告企业与本案道路排出的大气污染物质之间,不存在从社会观念上可以视为一个整体行为这种程度的一体性的余地"为由,做出了否定判断。因此,就只剩下被告企业之间是否构成共同侵权行为的问题了。

(2) 关于被告企业之间是否适用民法第 719 条第 1 款前段,成为问题。关于原告提出的被告因"排出行为的一体性"(原告主张,13 家被告企业的营业所均邻接本案地域并在本地域集中选址建厂,在昭和 30 年代(1955—

---

① 系日本过去所存在的特殊法人,依据《首都高速道路公团法》,于 1959 年 6 月 17 日设立,从事首都高速道路的建设与管理。2005 年 9 月 30 日解散。——译者

1964年),几乎同时开始生产或扩大生产,在这种情况下,被告企业的营业所排出的大气污染物质相互混合并成为一个整体,并且同时污染了本案地域的大气,由此能够认定紧密一体性)而形成紧密一体性的主张,本判决认为,"尽管被告企业的营业所基本上均在本案地域的东部临海选址建厂并运行,但是,从原告扩大了关联共同性的范围也能够看出,在本案地域,除被告企业的营业所之外,尚存在排出大气污染物质的其他营业所,另外以二氧化硫为首的本案中的大气污染物质,在风向、风速等气象条件的影响下,导致本案地域之外所排出的大气污染物质也流入本案地域并与被告企业所排放污染物质相互混合成一个整体,因此,被告企业的营业所排出的大气污染物质不是在具备一体性的状态下到达了原告居住地",以此否定了"紧密一体性"。关于原告提出的"工厂运行或者经济上的一体性"主张("原告主张,以被告企业的营业所集中选址建厂所形成的集聚性利益为基础,各企业间构筑了具体的结合关系,并相互促进了生产的扩大和收益的增加,依据前述集聚性利益,可以认定在被告企业间已形成了紧密的一体性。"),判决认为,"尽管直至1970年前后,在被告企业间的一部分企业,存在工厂场址的买卖关系或工程承揽关系、原料的购入关系或相互融资关系、共同建设或利用设施的关系,甚至形成了资本关系,但这些关系并不只限于被告企业之间,而且,从(被告之间)仅有的一次交易关系抑或仅在某一时期所存在的关系等,均很难成为足以认定被告企业间具备紧密一体性的事实",从而否定了原告的主张。此外,关于原告提出的"因独占利用社会资本所形成的一体性"主张("原告主张,被告企业因生产需要而对用地、工业用水、电力、港口、道路等社会资本进行独占利用,依据这种社会资本的独占性利用关系,可以认定被告企业之间具有紧密一体性。"),判决予以了否定。即"社会资本本就以社会资本所在地域的人们共同予以利用为前提,很显然,被告企业并未独占、排他地予以利用,尽管被告企业共同利用了较多的社会资本,但很难直接基于前述事实而认定被告企业之间存在紧密一体性。"

(3)与此相对,针对原告提出的"由于被告企业根据神奈川县、川崎市等的公害规制和公害防止对策,相互之间共同协力采取了应对公害之对策,因此,被告企业之间通过前述公害对策上的相互协力而形成了紧密一体性"的主张,即"公害对策上的一体性",判决认为,"可以说,既然至迟在昭和40年代(1965—1974年)后半期,被告企业已共同认识到本案地域的大气污染状况和大气污染物质的影响,则被告企业之间就处于必须相互协力、共同采取防止公害对策的状态,换句话说,可以说被告企业当然已经认识到自被告企业的工厂、营业所排出的污染物质相互混合而影响到原告等居民健康的事实,即使没有认识到,也可以说被告企业当然应当认识到这一点,因此,关于前述认识及应对措施,可以认定被告企业之间已具备紧密一体性",以此为由,判决肯定了(被告企业间)强关联共同性。

4. 民法第719条第1款后段的一般定义(视角3)

关于民法第719条第1款后段的共同侵权行为的关联共同性,判决认为,"可以认为,在认定具有前述可以在社会观念上被视为一个整体行为这种程度的一体性的基础上,只要其承担了加害行为的一部分,就足以适用该条文",也就是说,"在该条后段的场合,由于可以允许前述减责、免责的主张,那么参照是否允许前述减责、免责的主张、举证(这一前段规定与后段规定的差异)",从而认为,就后段规定而言,只要具备弱关联共同性足矣。

本判决的这种立场,采取了与前述西淀川公害第一次诉讼判决相同的理论构成。像这样,关于民法第719条第1款前段的共同侵权行为,要求紧密的关联共同性(强关联共同性),而关于该条第1款后段的关联共同性,只要具备弱关联共同性(具有在社会观念上被视为一个整体行为这种程度的一体性)即可的理由,判决认为,"可以理解为,尽管在构成该条前段及后段的共同侵权行为的情况下,各个共同行为人都要对与共同侵权行为具备相当因果关系的全部损害承担赔偿责任,但在该条前段的场合,不允许共同侵权行为人因个别事由提出减责、免责的主张、举证,与此相对,在该条后段的场合,允许减责、免责的主张、举证。所以对照是否允许前述减责或免责的主张、举证的情形,则作为该条前段及后段的共同侵权行为之要件的关联共同性中的一体性的强弱,也必然存在差异"。

5. 关于视角 4

关于这一点,本判决认定了被告企业之间在截至昭和 40 年代前半期的期间存在弱关联共同性。即,"尽管各被告企业的选址建厂及运营时期不同,但除被告浮岛化学之外,截至昭和 30 年代,均在本案地域中选址并运营,排出以硫氧化物为主的本案大气污染物质,如前所述,在本案地域,尽管还存在除被告企业之外的其他排出源,且自本案地域外的排出源所排出的前述大气污染物质也流入到了本案地域,仍不能否定前述被告企业所排出的硫氧化物等作为本案大气污染物质的一部分已到达原告居住地,并对原告罹患本案疾病或加重症状产生影响,因此,如前所述,对于前述被告企业的排出行为,如果考虑被告企业的位置关系、原料和产品的供给关系、设施的利用关系等因素的话,即使不能说被告企业之间存在紧密一体性关系,也可以认为被告企业之间存在在社会观念上可以被视为一个行为这一程度的一体性"。另外,"被告企业主张,应该采取与 1974 年度川崎市模拟实验所相同的方法,对该年度各被告企业所排出的硫氧化物的到达浓度进行模拟实验。"但本判决认为,"在 1974 年,如前述一所示,由于已构成民法第 719 条第 1 款前段的共同侵权行为,因此不能将前述主张作为该条后段的减责、免责的主张",从而驳回了被告企业的主张。

6. 关于视角 5

(1) 在原告与被告企业的"连接点"方面,应该作为问题的是:①被告企业的污染源作为主要污染源已到达原告居住地(到达的因果关系);②在此情况下被告企业的参与比例(到达的参与比例);③基于参与比例的比例责任("对于原告疾病发病的参与比例")。其中,问题①由原告提出主张;问题②、③由被告企业提出主张。

(2) 首先,关于到达的因果关系问题,判决指出:"原告论及以硫氧化物为主的大气污染物质到达本案地域,关于前述到达,原告主张,基于以下各事实:①本案地域的地形特征;②本案地域的气象特征;③原告居住地等与被告企业的营业所及本案道路的接近性;④被告企业的营业所的(污染物质)排出量;⑤被告企业的营业所的排出量的增减与本案地域大气污染浓度历年变化的对应关系;⑥风向与污染浓度的相关关系;⑦从等浓度线所反映的大气污染状况所观察到的本案地域与污染源的关系;⑧被告企业依据公害健康补偿制度等所承担的资金费用,尤其是就硫氧化物而言,大部分到达原告居住地的该等物质系由各被告企业所排出",在此基础上,本判决在探讨"一、本案地域的地形特征""二、本案地域的气象特征""三、本案地域与被告企业的营业所及本案道路的位置关系""四、被告企业的营业所的污染物质排出量""五、被告企业的污染物质的排出量与本案地域的大气污染浓度的历年变化""六、本案地域的风向、风速与污染浓度的相关关系""七、违法氧化物等浓度线等所反映的大气污染状况""八、被告企业对公害健康损害补偿制度的资金费用的负担"等问题的基础上,得出如下结论。即,"综合衡量以上关于一至八的认定理由,尽管可明确认定被告企业的营业所所排出的硫氧化物已经到达原告居住地,但有关其到达原告居住地的程度问题,在本案地域还存在不少除被告企业的营业所以外的排出源,根据气象条件等大气污染物质的扩散条件,也有必要考虑自本案地域外漂流而来的大气污染物质,由此看来,不得不说,很难根据前述一至八的事实来认定到达原告居住地的硫氧化物基本上均由被告企业的营业所排放。另外,如前述之认定,本案道路所排出硫氧化物的数量,在 1965 年约为 100 吨,1974 年约为 153 吨,虽然年度相异,但仅同被告企业的营业所的排出量来比较的话,不到 1%;如果考虑到本案道路排出是来自车辆这种低烟源的话,本案道路所排出硫氧化物到达原告居住地的数量程度,是非常少量的"。

(3) 接下来讨论的是被告企业提出的"被告企业排出的硫氧化物到达本案地域的参与比例"问题。在此,(判例在)对被告企业所主张的"关于被告企业排出的硫氧化物的模拟实验"模型进行研讨的基础上,将其分为"1.1974 年被告企业的参与比例"与"2.昭和 40 年代初期被告企业的参与比例"这两种类型,并得出如下结论。第一,关于"1.1974 年被告企业的参与比例"问题,判例采取了如下分析方法,并认定这一参与比例为 15%。也就是说,"根据前述的认定理由来看,1974 年自被告企业的营业所排出的硫氧化物到达原告居住地等的程度,可以以 1974 年度被告企业排出模拟实验为基础予以推测。如前述认定,根据作为前述被告企业模拟实验之基础的总量规制说明书而进行的模拟实验,由于反映的是长期平均浓度,因此,不能说该模拟实验是对短期污染浓度所进行的全部再现,从这一方面来看,也很难说前述模拟实验也考虑了下沉气流(在烟囱排出的烟尘比风速还要小的场合,烟尘会被卷入烟囱背后产生的漩涡,或者附近建筑物所产生的漩涡而从高空急速降至地面)等原因导致的局部地区所发生的高浓度污染等,因此,综合衡量前述各种因素,可以认定1974年当时已到达本案地域的硫氧化物之中,被告企业的营业所所排出的硫氧化物的程度,大概为15%"。第二,关于"2.昭和40年代初期被告企业的参与比例","被告企业集团主张,依据以下大气扩散理论:气象条件与排出条件相同的情况下,排烟到达地面的浓度,与其排出量成比例关系,则根据1974年度被告企业模拟实验中被告企业集团的硫氧化物的到达量,乘以1966年相比于1974年的排出量的比例关系便可以推算出1966年被告企业集团的硫氧化物到达本地域的到达量。根据这种方法,在本案地域内的大师保健所的(到达量)为28.4%,公害监测中心(川崎监测局)的(到达量)为24.8%"。对此,(判决)作出以下探讨。

"从扩散模拟实验所采用的扩散式方法来看,如果气象条件与排出量之外的排出条件相同的话,排出烟尘到达地面的到达浓度与排出量成比例关系。此外,排出条件之一的有效烟囱高度(实际烟囱高度与排烟上升高度之和)越高,排出烟尘到达地面的到达浓度就越低。尽管被告企业集团在1966年当时的烟囱高度不明确(1974年被告企业集团工厂等的烟囱数量与实际烟囱高度等如附表45所记载),但从前述认定事实来看,例如,被告东京电力1966年与1974年当时的实际烟囱高度并未发生变化;与此相对,被告日本钢管的烟囱加高了,即于1969年8月将水江烧结炉的烟囱高度从50米左右增加至97.75米;诸如此类,被告企业之间存在差异。不过,至少对于被告企业集团内部的一部分企业而言,如果比较其在1966年与1974年的实际烟囱高度的话,则可以认定1966年当时的实际烟囱高度相对较低;因此,不能认定被告企业集团关于其在1966年与1974年的排出条件完全相同的主张(关于气象条件,由于没有足够证据证明在1966年与1974年的气象条件发生了巨大变化,因此,认为1966年与1974年的气象条件是一致的观点,具有一定合理性)。"在此基础上,判决作出了被告企业集团的参与比例为40%的结论。即,"根据前述认定,1966年被告企业集团排出硫氧化物的排出量(109 666吨)是1974年排出量(17 985吨)的约6.1倍;如前所述,1966年的实际烟囱高度比1974年的实际烟囱高度相对较低,综合考虑上述因素等,可以认定昭和40年代初期达到本案地域的硫氧化物总量中,自被告企业集团工厂排放的硫氧化物数量占总量的40%"。

(4)关于被告企业集团的责任比例,该判决认为,"正如前述认定理由所示,除被告浮岛化学之外的被告企业集团(以下所称'被告企业集团'不包括被告浮岛化学)所排出二氧化硫到达本案地域的参与比例(以下称'到达参与比例'),在昭和40年代初期至少约为40%,在1974年约为15%。在本案这样的事例中,可以根据前述到达的参与比例来认定被告企业集团所排出的二氧化硫导致原告罹患本案疾病等的参与比例"。在确定被告企业集团的"参与比例"的基础上,判决认为,"在前述到达的参与比例中,尽管只是明确了昭和40年代初期与1974年的到达参与比例,但如前述认定理由所示,在本案地域内,综合衡量自昭和20年代(1945—1954年)后期开始出现的因大气污染致居民健康受损的投诉、对于被告企业集团的到达参与比例进行了最小限度的认定、被告企业自昭和40年代中期开始正式实施公害防止对策以及原告罹患本案疾病被认为需要一定的暴露期间等诸多情况,对于1955年以后至1973年已发病的原告而言,可以认定被告企业集团排出二氧化硫致原告罹患本案疾病的参与比例为40%;对于1974年以后至1980年已发病的原告而言,可以认定被告企业集团排出的二氧化硫致原告罹患本案疾病的参与比例为15%。"(另外,判决认为在本案中不应考虑《大气污染防止法》第25条之2的适用)

(5)以上述认定为前提,本判决对被告企业集团的"共同侵权行为的成立范围"做出如下判定。"由于是以原告发生本案疾病的时期为标准来考虑被告企业排出二氧化硫导致本案疾病发病的参与比例,被告企业集团成立共同侵权行为的范围,也要考虑原告的发病时期(不过,也需考虑本案疾病需要一定的发病期间)与被告企业集团在本案地域开始营业运行的时期,对于昭和30年代(1955—1964年)发病的原告而言,应理解为在被告日本钢管、东京电力、昭和电工、三菱石油、昭和壳牌石油及继受国铁债务的被告国铁清算事业团(以下将前述六家公司称为"六家被告公司")之间成立共同侵权行为;对于1956年以后至1957年发病的原告而言,应理解为在前述六家被告公司及被告东亚石油(以下将上述七家公司称为"七家被告公司")之间成立共同侵权行为;对于1958年以后至1960年发病的原告而言,应理解为在前述七家被告企业及被告日石化学(以下称"八家被告公司")之间成立共同侵权行为;对于1961年以后至1962年的发病原告而言,应理解为在前述八家被告企业及被告Kygnus石油、被告General石油(以下称"十家被告公司")之间成立共同侵权行为;对于1963年以后发病的原告而言,应理解为在前述十家被告公司、被告东燃及东燃化学之间成立共同侵权行为。"

(6)最后,对作为以上论述之前提的大气污染物质与疾病之间的因果关系进行分析。关于这一点,本判决指出,"首先,在《公害健康被害补偿法》中,虽然慢性支气管炎、肺气肿、支气管哮喘、喘息性支气管炎等被规定为指定疾病,但由于就本案原告而言,在前述指定疾病之中,慢性支气管炎、肺气肿及喘息性支气管炎成为问题,因此,对该三种疾病进行探讨",判例就此限定了疾病的范围。其次,关于流行病学,值得注意的是,判例在指出流行病学的意义、流行病学调查的研究方法、评价大气污染流行病学时的注意点等以后,对"疫学(即流行病学)因果关系的判断标准",进行了如下阐述:"(疫学因果关系是指)对流行病学调查结果进行综合评价后,再来判断某种因素与疾病之间的因果关系,但是,作为根据流行病学的调查结果来评价因果关系的判断标准,科赫法则(Koch postulates)、[①]美国公众卫生局长咨询委员

[①] 科赫法则是伟大的德国细菌学家罗伯特·科赫(Robert Koch,1843—1910年)提出的一套科学验证方法,用以验证了细菌与病害的关系,被后人奉为传染病病原鉴定的金科玉律。科赫法则包括:1.在每一病例中都出现相同的微生物,且在健康者体内不存在;2.要从宿主分离出这样的微生物并在培养基中得到纯培养(pure culture);3.用这种微生物的纯培养接种健康而敏感的宿主,同样的疾病会重复发生;4.从试验发病的宿主中能再度分离培养出这种微生物来。如果进行了上述四个步骤,并得到确实的证明,就可以确认该生物即为该病害的病原物。——译者

会提出的五个条件、希尔提出的五个视角①等曾被提及。尽管这些判断标准原则上并不存在较大差异,但在前述判断标准之中,希尔的九个视角包括:①强固性(该因素发挥何种程度的作用);②一致性(无论何人在何时何地所进行的调查是否均能得到相同的结果);③特异性[是否疾病中必定介入某因素(不过,在非特异疾病的场合是指,尽管存在多个因素,但仍可以评价为"该因素的参与比例"这层意义上的、一定程度的特异性)];④时间性(罹患疾病之前,患者是否暴露于该因素之下);⑤生物学上的倾斜度(是否能显示定量反演关系);⑥妥当性(能否以目前的生物学知识加以说明);⑦整合性(基于调查结果而对原因及结果作出的解释是否与自然史与疾病生物学上所熟知的事实存在显著矛盾);⑧实验(是否存在实验证据或半实验证据);⑨类推(是否存在与调查结果相类似的证据)等。但是,希尔的九个视角也并非认为,判断因果关系时必须满足所有标准",在指出详细调查结果之后,判决接着对"本案地域大气污染与原告罹患本案疾病之间的关系"进行了探讨。首先,判决对"因果关系论"进行了如下阐述。即"诉讼上的因果关系的举证,并不是不容一丝疑义的自然科学证明,而是依照经验规则综合判断全部证据,对特定事实引起特定结果具有高度盖然性予以证明,该证明程度需要达到常人不加质疑地确信其真实性这一程度,而且,达到这种程度即可②,因此,在本案诉讼中,也应该认为,有必要证明能够认定本案地域的大气污染导致了原告罹患本案疾病发病、症状恶化等结果这一程度的高度盖然性"。接着,关于"本案中大气污染物质与本案疾病的关系"问题,判决得出如下结论:1.与二氧化硫的关系。综合考虑前述认定事实等,能够认定以下事实:本案地域二氧化硫的浓度,即使仅限于自1965年开始在本案地域所进行的导电率法的测量结果,在川崎大师监测站进行的测量结果显示,自1965年开始至1967年的二氧化硫浓度的各年平均值超过0.1ppm,已达到了极高的浓度,即使与全国的测量局自1965年开始连续

---

① 流行病学中的希尔标准(Hill Critetia)。——译者
② 最高裁昭和50年10月24日第2小法廷判决·民集29卷9号1417页,以下简称"昭和50年判决"。

20年间持续测量二氧化硫浓度的所测平均值相比,至昭和50年代初期为止,也远超上述全国的平均值,本案地域属于全国屈指可数的二氧化硫大气污染地域;本案地域也为根据《公害健康被害补偿法》规定的将二氧化硫指标作为大气污染程度之标准的指定地域(第一种地域);关于硫氧化物对健康影响的疫学调查,虽然均包含着各种各样的问题,但在昭和30年代开始至昭和40年代的流行病学调查中,已基本上认定了二氧化硫与持续性咳嗽、咳痰的发病率之间的关联性,在评价海外相关知识等的WHO(世界卫生组织)的环境保健指南第8条指出,在与烟共存的情况下,二氧化硫影响健康的最低浓度的短期暴露浓度为0.09ppm(24小时),长期暴露浓度为0.035ppm(年平均值);1986年专门委员会的报告评价到,自昭和30年代到昭和40年代,从该病在大气污染高水平地域的发病率过高的情形来看,日本部分地域罹患慢性闭锁性肺疾病主要是受大气污染影响所致。根据上述事实等来看,可以认为,对于那些自昭和30年代到昭和40年代期间,在相当期间内持续居住或工作于本案地域,并在昭和50年代前半期以前(这是由于考虑到无法否定本案疾病需要经过相当长时间的暴露才会发病)罹患慢性支气管炎、支气管哮喘和肺气肿的患者,其发病原因为本案地域高浓度的二氧化硫大气污染。2.与二氧化氮的关系。众所周知,目前,作为大气污染的二氧化氮备受关注,特别是目前正在努力削减汽车排放的废气,另外,如前所认定的那样,有的流行病学调查肯定了二氧化氮大气污染与慢性支气管炎等流行病学指标之间的关联性。然而,综合探讨了包括前述流行病学调查知识的1986年专门委员会报告指出,如前述认定的那样,关于慢性支气管炎的基本症状即持续咳嗽、咳痰的发病率而言,不能认为当前大气污染达到了超越伴随着地理变化的气象因素、社会经济因素等大气污染以外的因素,而明确影响到持续性咳嗽与咳痰的发病率水平。同时,关于支气管哮喘的基本症状即哮喘症状以及目前的发病率,对于儿童而言,虽然无法否认当前大气污染对儿童的哮喘性症状、当前的发病率或持续性咔咔地咳不出痰的发病率会产生某种影响的可能性,但由于受大气污染以外诸因素的影响,因此,不能认为当前大气污染的影响是显著的。对成年人而言,则评价为当前大气污染对成年人的哮喘性症状、当前的发病率并无相当程度的影响,从这一结论来看,尽管各评价之间存在微妙不同,但是,很难说其已积极肯定了目前大气污染与本案疾病之间的关联性。在前述报告中最终评价到,虽然并不能否定当前大气污染在总体上对慢性闭锁性肺疾患的自然史会产生某种影响的可能性,但是,在因二氧化硫而产生的大气污染已被认为得到相当程度改善的当时,大气污染对慢性闭锁性肺疾患的影响,与昭和30年代至昭和40年代的大气污染的影响相比,不能同日而语。而且,即使在中央公害审议委员会有关对上级咨询的答复中,前述专门委员会也讲到,仅仅达到"不能否定产生某种影响的可能性"这一程度的情况下,作为一种追究民事责任的制度而言,令大气污染物质的排出原因者承担损害填补责任是不妥的。前述 1986 年专门委员会报告之后的调查结果,也不存在左右前述报告结论之处。同时,作为二氧化氮与二氧化硫之间的区别,在燃烧过程中必定会产生二氧化氮,凡人为活动所及场所均有可能成为二氧化氮发生源;在对人们生活活动时间的调查中,也存在如下调查结果,即,从广义而言,人们在室内生活活动的时间占多数,也存在因室内取暖方法等所造成的室内二氧化氮浓度超过室外二氧化氮浓度的情形。综合前述这些情形,并对照本案诉讼中的证据调查结果,以及 1992 年 9 月本案诉讼终结时对该法院而言的显著事实等,不得不认为,难以认定当前的二氧化氮所致大气污染与本案疾病的发病、症状加重之间存在相当因果关系。

以此为前提,判决对"原告罹患本案疾病及发病原因"进行了探讨。首先,"一、就《公害健康被害补偿法》中对于本案疾病的认定而言",判决讲到,"原告们主张,由于他们是依据《公害健康被害补偿法》获得认定的认定患者,因此很明显,他们罹患了本案疾病。在《公害健康被害补偿法》的认定程序方面,申请人就其申请认定的疾病通过向都道府县知事等提交主治医生的诊断书进行申请即可。为调整、探讨主治医生诊断书的偏差,都道府县知事等会听取由其所任命的具有医学、法学以及其他在公害健康被害补偿相关领域具备学识与经验的 15 名以内的委员所组成的公害健康被害认定审查委员会的意见,在此基础上展开认定的审查。在前述公害健康被害认定审查委员会上,通过探讨主治医生诊断书、主治医生诊断报告书、医学检查结果报告书及检查结果资料,来审查该患者是否为指定疾病的患者。同时,即使被认定罹患了指定疾病,如果在认定的有效期限内无治愈可能的情形下,在被认定为指定疾病后的两至三年内必须履行认定的更新手续,并接受与认定申请时相同的审查程序。关于前述公害健康被害认定审查委员会进行的审查,被指出存在以下问题:由于认定申请的审查数量较多,所以对每件认定申请所花费的时间相对较少;较为注重主治医生诊断书;等等。但是,从本案疾病为慢性疾病、医生对患病过程的观察对于把握患者症状具有重要意义这一点来看,也不得不重视主治医生诊断书,另外原告需通过更新程序反复接受审查。鉴于上述等情况,不得不理解为原告根据前述程序而受到《公害健康被害补偿法》上的认定,是推定原告罹患本案疾病的重要事实"。在此基础上,关于"二、个别认定",判决认为,"关于下述之外的原告患者,如《公害健康被害补偿法》等所认定的,可以认为其罹患了本案疾病,能够认定在本案地域内至昭和 50 年代初期为止因硫氧化物引发的大气污染与本案疾病之间存在因果关系"。

六、仓敷公害诉讼判决

1. 民法第 719 条第 1 款前段的一般定义(视角 1)

关于这一点,针对被告的"责任原因",原告主张"被告的行为属于民法第 719 条第 1 款前段的'共同侵权行为'",并列举出如下理由:"被告们在具有下述一体性的情况下,排出了大气污染物质,并让其到达了原告处:(一)地域的一体性;(二)选址、运营、扩大生产的一体性;(三)经济上的一体性;(四)人员、组织上的一体性;(五)共同利用的一体性;(六)对同时排出、共同污染的认识"。对此,被告进行了如下反驳:关于"民法第 719 条第 1 款前段","在多个发生源的排烟相聚合才会导致损害产生的情况下,要适用民法第 719 条第 1 款前段,仅仅具备被告的排烟聚合在一起形成污染源(被告参与部分加害行为)这一点是不够的,而是需要具备能够使共同行为人各自连带承担损害赔偿义务这一程度的、社会观念上的一体性行为(所谓强关联性或共同认识)",在此一般定义的基础上,被告主张,"在水岛地域及其周边,除存在众多固定的污染物发生源之外,因汽车、船舶等移动的污染物发生源所排出的污染物对大气环境的影响也是极大的。由于这些众多的不特定发生源无法特定,因此,其与被告之间并不存在'强关联性'。"

针对当事人的上述主张,本判决对民法第719条第1款前段作出了如下定义:"要成立民法719条第1款前段的共同侵权行为,各行为人的行为,必须具备客观关联共同性。作为前述侵权行为的效果,各共同行为人须对与前述共同行为具有相当因果关系的全部损害承担损害赔偿责任。各行为人不得通过主张并举证自己的行为与权利侵害或损害之间不存在因果关系或不存在部分因果关系而主张减责、免责。既然对共同行为人课以这种严格责任,那么为认定关联共同性,应该说,共同行为人仅参与部分加害行为是不够的,而必须要求行为人具备超越这种部分参与关系的紧密关系,即各行为人之间对损害的发生必须具备已达到在社会观念上能够将其评价为一个行为这一程度上的一体性,行为人之间如果存在共同认识,则关联共同性就更加强固"。

换句话说,在构成民法第719条第1款前段的共同侵权行为的场合,各共同行为人要对与共同行为具有相当因果关系的全部损害承担责任,不允许提出减责、免责的主张。在此,由于是课以这种严格的责任,因此,必须要求共同行为人之间具备紧密的客观关联共同性(强关联共同性,行为人之间如存在共同认识,则关联共同性更加强固)。而且,关于强关联共同性的判断标准,判决认为,"应综合地域性、各工厂的选址、运营历程、被告在经济与人员组织上的关系、污染物质排出的形态与排出量、对污染的参与比例等因素,进行整体性判断"。在此,判决虽未涉及有关共同行为人的主观因素,但如2中所述,将被告企业间"对加害行为的共同认识"作为了认定紧密的关联共同性的判断材料之一,在这一点上,也沿用了自西淀川公害诉讼第一次判决以来的一贯观点。

2. 视角2

本案是关于八家企业(川崎制铁股份有限公司、中国电力股份有限公司、三菱化成股份有限公司、冈山化成股份有限公司、旭化成股份有限公司、水岛共同火力股份有限公司、三菱石油股份有限公司水岛造油所、日本能源股份有限公司水岛造油所）之间是否成立民法第 719 条第 1 款前段共同侵权行为的问题。如本判决所认定的那样，这些企业在水岛临海工业地带有规划地构成联合企业而选址、运营，"在原料与产品的相互供给、对作为管理者的干部职员的相互间人事交流、联合企业关联设施的利用等方面，具有极其高度而紧密的共同关系"。本案中八家企业的这种性质特征，是其他公害诉讼中被告企业间所不具备的。如下所示，在本案仅认定民法第 719 条第 1 款前段的共同侵权行为的背景中，毫无疑问，本案判决重点关注了这种被告企业间的紧密关联性。

本判决关于强关联共同性的认定，如下所示。首先，"根据（二）（证据从略）所示，承认了原告主张第五之一的（一）至（五）记载的事实，认定了被告间具有地域上的一体性、选址运营与扩大生产上的一体性、经济上的一体性、人员与组织上的一体性、共同利用上的一体性"。关于此点，判决指出："各被告企业，构成了在前述地域状况下的水岛临海工业地带有规划的联合企业，在矿业、石油化工、电力及关联企业等集聚而成的联合企业中，作为其构成企业、工厂等相继选址、运营，在原料与产品的相互供给、对作为管理者的干部职员的相互间人事交流、联合企业关联设施的利用等方面，如前所述，产生并发展出高度而紧密的共同关系。就联合企业所排出的前述大气污染物质以及该物质所产生的损害而言，被告们具有一体性关系。在前述状况之下，如前所述，在运营过程中，排出前述大气污染物质，导致原告因前述污染物质而遭受了健康损害。被告企业相互之间应该已充分认识到前述排污行为，因此，应该说其对于前述加害行为具有共同认识，因此，应该说，被告企业的行为具备民法第 719 条第 1 款前段的关联共同性"。

3. 关于视角 3 与视角 4

如前所述，由于判决是在确信被告企业具有强关联共同性的情况下进行的判断，并未涉及民法第 719 条第 1 款后段，因此，判决并未涉及视角 3 与视角 4。

4. 关于视角 5

(1) 首先,判决认为有必要探讨:(i)到达的因果关系(侵权行为)与(ii)被告企业的参与比例(责任比例)等。

关于(i)到达的因果关系,居住于水岛联合企业周边的原告所提出的主要主张如下:"①被告企业的运营工厂与原告居住地接近(在原告居住地周边不存在除被告企业之外的特定污染物质排出源);②被告对污染物质的排出、排出量、排出状况的变化与水岛地域的大气污染浓度等具有逐年对应的关系;③在气象方面,将被告企业作为污染源能够对水岛地域的大气污染实际情况作出合理的说明;④政府等方面所开展的水岛地域大气污染与风向等气象条件之间关系的统计性分析结果显示,被告企业是污染源;⑤政府及被告均将被告视为水岛地域大气污染的原因。从以上情况来看,很显然被告企业是水岛地域大气污染的污染源"。对此,被告企业反驳到,原告的上述主张"本身没有意义,这是因为水岛地域大气污染浓度并未达到影响原告健康的程度,即使水岛地域大气污染浓度关系到原告所主张的健康损害,如果不对诸如原告的居住地与发生源之间的距离、位置关系、烟囱高度、排出条件等发生条件以及风速、风向、大气稳定度等气象条件等因素进行综合考虑的话,就无法判定被告企业所排出之硫氧化物、氮氧化物等在原告居住地域浓度中的参与比例"。

对当事人的上述主张,本判决在概述以下分析结果的基础上,得出了被告企业排出的污染物质已到达原告居住地(存在侵害行为)的结论。

其一,判决在指出"被告企业排出大气污染物质的过程及种类,如原告主张第二之三1所记载的那样,当事人之间并无争议"的基础上,探讨了"被告企业排出硫氧化物的排出量在仓敷市全部企业硫氧化物排出量中的比例",判决认为,"综合前述情况来看,可以认定,自1964年至1989年期间,被告企业在仓敷市的硫氧化物排出量相对于仓敷市全部企业硫氧化物排出量的比例大概为85%"。其二,判例对"氮氧化物"的比例也进行了探讨,并得出如下结论,即"如前所述,关于仓敷市氮氧化物的排出量(固定发生源)与被告企业的排出量,自1972年至1989年期间","被告企业所排氮氧化物的排出量已超过仓敷市全部排出量的85%（加上移动发生源，为80%）"。（不过，判决也认为，关于"颗粒状物质"，"原告并未就被告企业颗粒状物质的排出量提出具体的主张、举证"。同时，"根据原告的主张承认了前述排出量和比例。被告企业本应掌握根据《大气污染防止法》的规定而进行备案的煤烟产生设施等的煤烟排出量、煤烟浓度的监测与记录，至1973年度为止已开始设置的煤烟源遥测系统等相关的前述排出量等资料，但在本案中，被告企业并未提出相关资料"。)

在前述结论的基础上，判决根据"污染度的测量结果""地理状况""气象"等因素，做出了如下阐述：被告排出的物质"可视为已到达"或"可推定为已到达"原告居住地域。即，"综合有关水岛地域的前述测量局与被告企业的位置关系（测量局几乎是东北方向，而被告企业几乎是西南方向，原告居住区域位于以北侧的春日测量局为中心的北方）、水岛地域的地形除西南侧面向大海之外，被丘陵环绕等因素进行整体判断，可以认为，在水岛地域，从水岛地域在不同风向时的（污染物）浓度、污染物具有高浓度时的气象条件来看，当影响风向为自被告企业的运营方向至原告所处方向时，与其他风向相比，污染物平均浓度较高，特别是，日射量越高时出现高浓度污染物的频率就越高，而且，在出现高浓度污染物时，大部分情况下都是处于受影响风向之下的时候。水岛地域的大气污染，是由来自南方、西南方向的风中所包含的硫氧化物和氮氧化物所引起，因此，可以视为被告企业所排出的前述物质已到达原告居住区域"。"不过，关于颗粒状物质，综观前述所认定的浮游粉尘或浮游颗粒状物质浓度的变化状况、气体状物质、特别是容易与二氧化硫共存这一性质、被告企业在各种生产工程中排出粉尘与煤烟等情况，可以推定被告企业的各生产工厂排出了与各生产工厂的生产业绩相对应的颗粒状物质（下沉煤烟、浮游粉尘等），且这些物质已到达原告居住地"。

第二，关于(ii)"参与比例"，判决做出了如下详细阐述，认为被告企业的参与比例为80%。即"关于前述被告企业所污染的范围（参与比例），能够推定以下事实：被告企业污染物排出量占仓敷市全体污染物排出量的比例，如前所示，硫氧化物（1964年至1989年期间）为85%，氮氧化物（1972

年至 1989 年)为 80%(考虑移动发生源的情况下);二氧化硫浓度增高正是刮南风之时;而这与硫氧化物和氮氧化物相关联;由于导致二氧化硫浓度增高的风向与被告企业的运营地域相一致,可以推定作为大规模固定发生源的被告企业的影响,已扩及至半数以上的测量局(关于二氧化氮,由于存在移动发生源,所以上述关系并不明确);水岛地域的大气污染,是在海风将被告企业所排出的大气污染物质席卷至内陆的基础上,加上分散于本地域的中小发生源、汽车所排出的物质而造成的。不过,根据(证据从略)所示,关于二氧化硫以外的污染物质,不可忽视中小发生源、汽车等所排出的物质;二氧化氮的浓度逐渐增高(自 1972 年左右开始增加率降低),氮氧化物的排出量自 1978 年开始减少,包括 1977 年左右在内三氧化硫与二氧化氮具有较强的相关关系;虽然至昭和 40 年代后半期为止,大气污染的主要问题是硫氧化物,但随着烟源的改善等,二氧化氮、颗粒状物质等成为大气污染的主要问题。关于氮氧化物,综合发生源的多样性、发生机构的复杂性、技术开发的滞后等因素来看,尚未达成总量控制目标(在 1978 年达到目标值的 2 倍)。另一方面,关于二氧化硫,已认定汽车的排出量极少(仅柴油动力的汽车成为问题。例如,在 1974 年、1977 年、1980 年,仅为二氧化氮排出量的 6%—10%)。由于这是基于冈山县模拟实验调查结果的统计数值,考虑到其并不能正确把握污染实态等情况,因此,可以认定至昭和 40 年代后半期为止被告企业对本案大气污染的参与比例为 80%。"[79]

(2) 其次,关于作为前述问题之前提的"大气污染与疾病之间的因果关系",简单梳理如下。关于这一点,本判决对详细的因果关系理论的"概要"进行了如下阐述。"1. 诉讼上的因果关系的举证,并非不允许任何疑义的自然科学证明,而是依照经验法则综合探讨全部证据,对特定事实引起特定结果的高度盖然性予以证明,该举证的证明程度须达到一般人不存疑义地确信其真实性的程度,且仅达到该程度足矣(昭和 50 年判决)"。2. 从本案来看,则如下所述。根据前述所论事实,水岛地域,原本是以农业、渔业为主的偏僻冷落村庄,并不存在大量排出影响人体健康的大气污染物质的环境,众所周知,被告企业因工厂运营而排出二氧化硫、二氧化氮、浮游粉尘等大气污染物质,自其在水岛地域选址、运营前后开始,当地居民因恐惧被告企业排出前述污染物质致公害发生而怨声载道;自被告企业选址、运营后的一段时间开始,因被告企业排烟产生的恶臭就令附近的居民烦恼不已,特别是进入昭和 40 年代开始,在水岛地域的居民之间,诉说自己出现呼吸器官异常的患者开始增加,水岛地域的居民将被告企业排烟视为原因并进行了抗议,并且向户籍所在地的政府部门申请采取应对措施,水岛地域的居民理所当然地产生了大气污染与被告企业排出的污染物质相关这一认识,前述污染事件屡屡被媒体报道,并且对于相关报道在其报道的时间节点上未见可疑之处;此后,伴随着被告企业生产活动的持续与发展,前述患者人数日趋增加,尽管公共机关所进行的调查结果、监测方法、监测位置等不尽相同,但是,如前所述,大气污染物质是被告企业所排放的事实,已得到明确;在此期间已采取了各种各样的公害防止对策;在昭和 50 年代,水岛地域已被指定为《公害健康被害补偿法》的第一种指定地域;依据《公害健康被害补偿法》的规定,包括前原告在内的原告被认定为本案疾病的认定患者;在医学上,二氧化硫、二氧化氮、浮游粉尘引起的大气污染会导致人身健康损害的事实本身,也已获认定(虽然需达到一定浓度,但对该浓度尚无定论);前述结论,也已通过人体负荷研究与动物实验得到了认定;在采用大量观察方法的统计调查中,无论是在其他地区还是在水岛地域,自昭和 30 年代至昭和 40 年代后半期期间,持续性咳嗽、咳痰的发病率与二氧化硫、二氧化氮以及浮游粉尘之间的关联性已获确认;在水岛地域,包括原告在内的大量居民出现了前述疾病症状,而前述大量居民发病的时期与被告企业开始生产运营并大量排出二氧化硫、二氧化氮、浮游粉尘的时期的一致性,已经明确。综合衡量前述事实与前述专门委员会报告的结论,可以认定自昭和 30 年代开始至昭和 40 年代后半期,水岛地域爆发慢性支气管炎、支气管哮喘及肺气肿等疾病的原因就是本地域的高浓度二氧化硫、二氧化氮、浮游粉尘。考虑到本案疾病是因患者受到相当长时期的暴露而发病,对于那些自昭和 30 年代开始至昭和 40 年代后期,在水岛地域居住或工作,暴露于高浓度的二氧化硫、二氧化氮、浮游粉尘之下,并在昭和 50 年代前半期以前发病的患者而言,可以推定其因水岛地域的高浓度的二氧化硫、二氧化氮、浮游粉尘而罹患了本案疾病。

七、西淀川公害第二次—第四次诉讼判决

1. 本案及本判决的特征

在分析了此前的公害诉讼案判决后，为了分析本判决继而提炼出其特征，在通过各视角进行具体探讨之前，预先探讨本判决与前述已分析的西淀川公害第一次诉讼判决、川崎公害第一次诉讼判决、仓敷公害诉讼判决等之间的差异，确认本判决的特征，具有重要意义。也就是说，这是因为考虑到，预先进行这一探讨与确认，有助于理解本判决为何对于民法第719条第1款前段及后段的解释、适用（类推适用）等，不同于此前的判决。此外，这也有益于理解本判决之后所登场的公害诉讼判决（川崎公害第二次—第四次诉讼判决、尼崎公害诉讼判决、名古屋南部公害诉讼判决、东京公害诉讼判决）。

本案的第一个特征是，被告并非此前判决中的企业，而是国家与道路公团。这一点的意义在于，其对已经探讨过的西淀川公害第一次诉讼判决中被否定的国家责任及阪神道路公团的责任，再次进行了追究。这也是本案诉讼被称为西淀川公害"第二次—第四次"诉讼的原因（另外，前述川崎公害第一次诉讼判决与后述川崎公害第二次—第四次诉讼判决之间，也具有相同关系）。因此，这里成为问题的是，因被告将各道路供汽车通行，导致各道路排放的二氧化碳、浮游颗粒物（汽车排出废气等，大气污染物质）成为原告居住地的污染源。但是，原告们也认为，居住于西淀川区的原告之所以遭受健康损害，正如"第一次"诉讼中已明确的那样，通行于被告各道路的前述汽车所排出的气体等，与存在于西淀川区及相邻的此花区、尼崎市等的工厂或营业所（10家企业：特定工厂群）排出的大气污染物质相互聚合而成为主要污染源（法院认为，在第一次及第二次—第四次诉讼的任一诉讼中，由于无法判明由排出污染物质所导致的大气污染（侵权行为）的主要污染源，因而，可考虑为"城市复合型大气污染"）。

本案的第二个特征是，关于此处成为问题的共同侵权行为，如前所述，由于国家及道路公团的责任被重新加以追究，因此在被告（国家、道路公团）与10家企业之间，以及被告国家与被告道路公团之间这两个方面，共同侵权行为（关联共同性）成为问题。

本案的第三个特征，与前述特征紧密相连，即本判决将"城市复合型大气污染"置于"重合性竞合"这一概念下，并以此为基础追究共同侵权行为。也就是说，将以下这一点作为了问题："除来自工厂、营业场所、汽车、高楼大厦的空调等发生源之外，尚存在其他方面诸如家庭使用的空调、厨房或自然界等产生的、众多大小不一的、各种各样的发生源，不存在个别发生源就引起全部结果的可能性。像这样，在共同侵权行为中也存在当全部或几个行为相互重叠才会引起损害结果产生的情况（以下称为'重合性竞合'，该行为人称为'竞合行为人'）"。

此外，本判决本身也考虑了前述特征，在论及有关本案被告的共同侵权行为之际，首先对"侵权行为法的基本原则"阐述了如下基本观点。"侵权行为法的理念是：①对于应承担损害者，②使其承担适当的损害赔偿责任，③对于应获救济者，④使其所遭受的损害获得适当恢复，所以必须综合衡量侵权行为的类型、加害与被害的各种因素、加害方与被害方的社会经济关系、社会政策的各种因素等，以在实体法和诉讼法两方面，谋求符合上述侵权行为法理念的解决方法（妥当、公正地负担损害赔偿）。而且，关于①与③，在一般侵权行为中，适用自己责任原则与过失责任主义；在特殊侵权行为中，则通过扩大责任范围和修正过失原则，向保护受害人的方向倾斜。同时，关于②与④，则纳入相当因果关系论中予以考虑。在诉讼法上，通常基于法律要件分类说决定举证责任的分配，但在特殊类型的侵权行为中，必须基于前述理念进行修正。时至今日所采用的、在到达的因果关系中对于判断大气污染物质到达本案患者进行的概括性认定，在发病症状的因果关系中以流行病学证明为中心的一般因果关系的判断、盖然性评价的导入等，都是以诸如本案中这样的城市型复合大气污染公害这种特殊类型的侵权行为为前提，基于对加害与被害的特殊性的考虑而进行的修正。共同侵权行为，也属于特殊侵权行为类型的一种侵权行为,而且,在本案中,也具备到达的因果关系中所探讨的众多污染源参与并导致西淀川区高浓度污染现象的城市型复合大气污染事件的特殊性质。因此,必须以此为基础,对责任主体的范围、赔偿责任的范围与承担责任的方法、举证责任的分配等进行探讨。

不过,自己责任原则,是指仅对自己的行为承担责任,对他人的作为(所引起的后果)不承担责任;过失责任主义,是以责难可能性为根据,保障不存在责难可能性的行为不被追究责任,以此来保障个人的自由活动。因此,这两个原则,不仅是一般侵权行为的基本原则,而且,也应理解为作为与近代法中意思自治原则相对应的基本原则,是侵权行为共通的原则,因此,在特殊侵权行为中不存在对其修正的因素,或者在消灭的情况下,仍有必要恢复该原则"。

关于"共同侵权行为的要件与效果",判决进行了如下阐释。也就是,"共同侵权行为,虽然规范的是因数人的行为致损害产生的情形下加害人的责任范围与救济受害人的关系,但是,加害人之间的内部关系、参与的形态、各行为人的行为内容、受害的形态、因果关系的序列、证明的难易等因素却千差万别。对此,民法仅设置第719条一个条款,在该条第1款前段中规定"数人因共同侵权给他人造成损害时,各自对其损害负连带赔偿责任",在第1款后段规定"在不能确定共同行为中由何人加害时,亦同";在第2款中规定:"教唆或帮助侵权行为人的人视为共同行为人,适用前款规定"。民法规定,在前述任何场合中,只要属于共同侵权行为,则由各共同行为人对共同侵权行为所造成的全部损害负连带赔偿责任。另外,第1款前段一般被称为狭义的共同侵权行为,第1款后段一般被称为加害人不明的共同侵权行为"。

2. 民法第719条第1款前段的一般性定义(视角1)

"(一)关于行为的客观关联共同性。狭义的共同侵权行为,是指因多数共同行为人的违法行为所造成的全部损害结果,各行为人分别承担连带责任的特殊侵权行为。共同行为人,不只限于共同实施了与直接结果发生相关联的行为的行为人(共同实行者),也包括共谋、教唆者和帮助者。而且,各共同行为人的行为的质与量千差万别,与结果相结合的形态、强弱也各种各样。在这样的数人参与实施了加害行为的场合,在一般情况下,加害人一方之间总是存在某种关联关系,与此相对,受害人一方要掌握加害人之间的关系、各行为人各自行为的内容以及与结果之间的关系等,则并非易事。在此,对于这种共同侵权行为,考虑加害人一方共同参与的事实与受害人一方进行证明的困难性等因素,从保护受害人的观点出发,可以认为,即使无法通过对各行为人的行为内容、各行为的关联性及关联共同的行为与结果间的因果关系进行举证来证明各行为人的行为与结果之间的关系(各行为与结果间的关联性、各行为的参与比例),也可以要求共同行为的参与者赔偿全部损害。因此,关于共同行为的关联性,应该说与共同行为人的主观方面无关,行为在客观上相关联并促使共同结果发生,足矣。不过,如果将行为的关联共同性视为事实的因果关系,则有扩大连锁范围之危险,因此,关于这一点,应作为相当因果关系的保护范围问题,将其限定于合理的范围之内。"

"(二)可否进行责任分割。如前所述,如果共同行为的客观关联性被肯定,再加上存在共同行为人间的主观要素(除共谋、教唆、帮助之外,也包括认识到他人行为,并放任自己的行为与他人的行为相结合而造成损害等),对造成的结果存在质变的相关关系,其参与比例较高的场合,以及尽管只是量的参与,但仅因自己的行为就造成全部结果或主要结果产生的场合等(以下,将这种场合称为"强共同关系"),可以令共同行为人对共同行为所造成的全部结果承担责任,应该说,没有必要承认共同行为人按各自的参与比例程度来分割责任,从保护受害人的观点来看,也不应允许这种责任的分割。但是,如果不是上述情形,例如,不存在前述的主观要素、主观性较弱、对共同行为的参与比例较低或者如果仅是自己的行为则导致结果产生的危险性较低等,综合判断参与共同行为的形态、归责性的强弱、对结果的参与比例等,如果使其连带承担损害赔偿责任欠缺具体妥当性的场合(以下将这种场合称为"弱共同关系"),只要能够根据各行为人的参与比例来合理分割责任,就可以肯定责任的分割。这种情况下的责任分割比例,应以对结果在数量上和质量上的参与程度为中心,综合共同关系的形态、归责性等进行判断。"

"(三)关于主张及举证责任。基于前述理解,受害人一方,对共同行为人各自的行为、各行为的客观关联共同性、损害的发生、共同行为与损害的因果关系、责任要件(责任能力、故意、过失、无过失责任)、违法性等进行举证,加害人一方则就弱共同关系、自己的参与程度以及可以进行合理的责任分割等进行举证,从而可以主张责任分割方面的抗辩。

对此,如果受害人一方认为责任分割不妥当时,受害人一方则须主张(加害人一方具有)强共同关系(这是针对责任分割抗辩的积极性否认事实的主张,属于反证)。"

如上所述,关于民法第 719 条第 1 款前段,本判决将其分为"客观关联共同性""可否进行责任分割"和"主张及举证责任"三部分,并对相关内容进行了定义。并且该三者具有如下内在关联性。关于客观关联共同性,本判决将其分为"强共同关系"(包括:客观关联性+主观要素的情形、在结果上质的参与比例较高的情形、尽管在结果上仅存在量的参与但仅有自己的行为就能造成全部或主要结果产生的情形等)与"弱共同关系"(包括不存在主观要素或主观要素较弱、仅有自己的行为不可能引起结果发生等情形),在前者的情形下,不承认"比例责任";在后者的情形下,承认"比例责任"。与此相关,加害人就存在"弱共同关系"、自己的参与比例及"比例责任"的合理性等承担主张举证责任;在被害人认为"责任分割"不妥当的情形下,则被害人须提出(加害人)存在"强共同关系"的主张。因此,本判决是在民法第 719 条第 1 款前段所要求的客观关联共同性之中,构思出了"强共同关系"和"弱共同关系"。关于这一点,正如对四日市公害诉讼判决的分析中所揭示的那样,本判决在采取了与该判决相同的"二重构成"观点方面,具有其特点。与此同时,对"强共同关系"与"弱共同关系"的内容进行了更为严密的定义。

3. 关于视角 2

关于这一点,如下所述,判决否定了对被告适用民法第 719 条第 1 款前段(及后段)的(主张)。即,判决认为,"原告主张特定工厂群与本案各道路是西淀川区大气污染的主要污染源。的确,在如此多的污染源中,仅有属于极其少数的特定工厂群与本案各道路所排出的污染物质,就能产生前述所认定的影响,这一点十分重要。然而,关于硫氧化物,即便各排放源的排放微不足道,但作为整体而言,中小污染源的参与比例更大,可以认为本案各道路的参与比例是全体的20%。因此,很难说因西淀川区大气污染所导致的全部损害或主要损害是由特定工厂群和本案道路所产生的,也就是说,(特定工厂群与本案各道路)不能被评价为主要污染源。而且,关于特殊工厂群和本案各道路以外的发生源(诉外发生源),原告虽然对于诉外干线道路提出了极其具体的主张,但是,对于(诉外)其他工厂以及道路等虽抽象地指出了其存在,但并未明确各发生源的名称与地址,于是各发生源的排出量与到达量自然也就不明确;诉外发生源与特定工厂群及本案各道路之间的关联性与诉外发生源相互之间的关联性等,也毫不清楚,因此,无法认定诉外发生源是特定的。鉴此,根据前述判断,将特定工厂群与本案各道路所排出污染物质与诉外发生源所排出的(污染物质)作为一个整体适用民法第719条的观点,是不妥当的"。在此,判决在探讨本案诉讼中的共同关系时认为,本案中不存在适用民法第719条第1款前段(及后段)之前提的客观关联共同性(原告对此也未进行证明)。

也就是说,判决虽然承认特定工厂群与被告所排出的污染物质到达了原告居住地(侵害行为),但由于不是主要污染源而欠缺适用民法第719条第1款前段的前提;另一方面,由于(原告)也未对特定工厂群及被告与诉外发生源之间的关联性进行证明,因此认为不能适用民法第719条第1款。

4. 关于视角3

关于民法第719条第1款后段的一般定义,本判决区分"行为的客观关联共同性"、"减责与免责的主张"和"主张及举证责任"等三个方面,并作出了如下定义。

"(一)行为的客观关联共同性。加害人不明的共同侵权行为是指各自的行为分别具有产生结果的危险的数人共同实施侵权行为,在不能知晓哪一行为产生结果时,(包括二者择一的竞合,也包括参与比例不明的场合),

允许受害人向全体共同行为人请求连带赔偿其损害。这一规定与(民法第719条第1款)前段一样,是考虑到加害人一方具有对共同行为的参与事实,以及由于多数人参与而受害人难以证明(由谁的行为造成损害),从而从保护被害人的观点出发,无需特定导致结果发生的行为人,就可以请求损害赔偿。而且,在这种情况下,从该规定的主旨来看,可以认为,关于共同行为的判断,应该从客观角度考察共同行为人各自的行为,只要共同行为人的部分或全部行为具有导致结果产生的危险性(客观关联共同性)时足矣,没有必要考虑共同行为人的主观要素"。

"(二)减责、免责的主张。在通常情况下,加害人不明的共同侵权行为,是以共同行为人中的某人(单独或多数)的行为导致全部结果的产生为前提的。在自己的行为没有引起结果产生的情况下也要承担连带责任,是由于考虑到被害人一方难以进行证明。因此,对于共同行为人而言,如果能够证明自己的行为没有引起结果产生,则可以免除其责任;即使在(其行为)与结果相关联的场合,如果能够证明其参与比例,并且可以合理地分割责任的,则可以承认减责"。

"(三)主张及举证责任。根据前述理论,受害人对各共同行为人的行为、各行为的一部分或全部具备成为损害发生原因的危险性(客观关联共同性)、前述行为的部分或全部导致结果发生、责任要件、违法性等,要进行主张及举证。与此相对,加害人可以通过主张并举证自己的行为与结果的发生无关,或者仅部分参与等,以请求减责与免责"。

在此,判决明确提出,民法第719条第1款后段是指加害人不明的侵权行为的场合,另外作为其具体内容,包括择一(因果关系)竞合及参与比例不明的场合,此观点非常重要。关于此点,无论是仓敷公害诉讼判决,还是川崎公害第一次诉讼判决均未提及民法第719条第1款后段,在西淀川公害第一次诉讼判决中,也仅提及"也适用加害人不明的场合",而未就其一般性定义进行阐述,鉴于此,可以认为,本判决首次就民法第719条第1款后段,包括其具体内容在内,进行了更加严密的定义。在此意义上,可以认为,本判决对于民法第719条第1款后段的"历史性解释"而言,构成了公害诉讼的判决群中的一个转折。

上述判断内容与以下认识紧密联系:即,正如已在本案特征中所指出的那样,本案属于"城市型复合大气污染",本案被告(国家与公团)的污染源到达原告居住地(侵权行为)及包括特定工厂群在内的污染源到本案原告居住地,都不构成本案原告健康损害的主要污染源。特别是,以国家和公团的污染源的实际形态为前提,在这种场合,为判断到底能否成立民法第719条第1款的共同侵权行为,判决认为有必要对该条款做出严格定义。不过,如下文所详细探讨并予以明确的那样,将民法第719条第1款后段的具体内容作为最为尖锐的问题来讨论的,是有关尘肺诉讼的一系列判决。因此,有关民法第719条第1款后段一般性定义更为详尽的比较探讨,将在分析尘肺诉讼的诸判决时予以展开。

那么,本判决所谓"加害人不明的侵权行为"的场合,到底是指哪种场合?关于这一点,本判决讲到,"可以认为其前提是,虽然受害人一方难以证明是由谁的行为导致了结果的全部发生,但确实是由共同行为人中某人(单独或多数)的行为造成了全部结果"。照此来看,例如下面的情形就可以考虑为"加害人不明的侵权行为":A、B、C三个加害人之中,被害人一方并不清楚由谁的行为导致了全部结果的发生,而实际上是由A或者A与B导致全部结果发生。

5. 关于视角4

如已在视角2中所阐述的那样,本判决否定了(原告提出的有关)本案被告适用民法719条第1款后段(的主张)。关于这一点,如果以本判决阐述的民法第719条第1款后段的前述定义为基础,对于已在上述3(视角2)中所阐述的理论予以重新分析的话,则在特定工厂群与被告及诉外发生源之间,既不存在(因果关系上的)择一竞合关系,也不存在参与比例不明的情况(即原告对此未作任何证明)。

6. 关于视角5

(1) 民法第719条对"重合性竞合"之情形的类推适用

从前述分析来看,本判决做出了否定适用民法第719条第1款的决定。

即"在狭义的共同侵权行为(第1款前段)中,其适用的前提是,因共同行为人的行为而致全部结果的产生,或者至少是因共同行为人的行为导致主要损害结果的产生;在加害人不明的共同侵权行为(第1款后段)中,是以被视为共同行为人中的某人(单独或复数)导致全部结果产生为前提",与此相对,"像本案这样的城市型复合大气污染","除工厂、营业所、汽车、高楼空调等之外,还存在其他诸如家庭用冷暖空调、厨房以及自然界所产生的极其众多的大小污染发生源,各个污染发生源无法单独导致全部结果的产生"。属于共同行为中的全部或部分行为相互结合才会导致结果产生的情形(以下称"重合性竞合",行为人则称为"竞合行为人")。但是,"即使各行为不会单独引起被害产生,但当这些行为相结合,结果实际上导致被害产生时,如果对被害完全不予救济的话,则根据侵权行为法的理念来看,不得不说是不妥当的。因此,如果具备一定要件的话,在这种场合,也应类推适用该条以谋求公平而妥善的解决途径"。

关于在重合性竞合的情况下类推适用民法第719条的要件及效果,判决作出了如下阐述。即判决认为,"虽然可以明确竞合行为人的行为客观共同地导致了被害产生,但由于竞合行为人的数量、加害行为的多样性等因素,要从与被害人一方无关的行为样态中,对导致全部或主要结果产生的加害人或者具有导致结果产生可能性的行为人进行判定,并且具体地判定各行为人的参与程度等是极其困难的。如果要求对这些因素进行判断,则受害人恐将无法请求损害赔偿的话,在能够根据参与比例合理判断损害的情况下,即使不能按照前述要求进行充分特定,可以类推适用民法第719条,承认(受害人)向被特定的竞合行为人(以下称'特定竞合人')请求损害赔偿"。关于责任的范围及分割,判决作出了如下陈述:"(2)关于特定竞合人的责任范围。既然前述特定竞合人的行为全部加起来也只是导致了部分损害的产生,并且除此之外的竞合行为人(以下称'不特定竞合人')也未被具体特定,则在特定竞合人中被作为被告的人,由于其不能就其与各个不特定竞合人之间共同关系的有无、程度及形态等进行妥当的防御性证明,所以让特定竞合人承担全部损害赔偿责任的做法是不妥当的。因此,除采用对特定竞合人的行为总体对全部损害结果的参与比例进行算定,让特定竞合人在该限度内承担赔偿责任的方法之外,别无他法"。"(3)关于能否分割责任。关于特定竞合人之间的关系,基于与民法第719条共同侵权行为所相同的理由,只要能够认定客观关联共同性,原则上就可以让其承担连带责任,但加害人一方,与共同侵权行为的情形一样,可以通过证明特定竞合人之间只存在较弱的共同关系和各人的参与比例,主张按照特定竞合人的参与比例来分割责任或减免责任"。

如上所述,以类推适用的一般性定义为基础,本判决根据如下适用方法承认了类推适用。即,"依据迄今所讨论的结果可以明确:特定工厂群所排出的污染物质混合在一起并到达了本案患者的居住地;通行于本案各道路的汽车所排出的污染物质,虽说对于一般环境浓度与道路沿线的影响程度并不一致,但其也与前述工厂的排烟相混合并到达患者居住地,这些污染物质与诉外发生源所排出的污染物质相互聚合,造成了西淀川区高浓度大气污染的现状,并导致该地区指定疾病的发病和疾病症状加重的危险"。"这样一来,特定工厂群及通行于本案各道路的汽车所排放的污染物质到达西淀川区的情况(侵权行为),客观来看,可以评价为具有关联共同性"。"因此,作为前述已探讨过的重合性竞合的情形,应该考虑民法第719条的类推适用,应该说,被告的责任至多也不能超过特定工厂群与本案道路的参与比例的总和"。

(2)关于被告的责任范围(比例责任)

关于被告的比例责任的范围,接下来,本判决综合衡量了特定工厂群与被告(本案道路)之间的共同关系的各种情形("地形、气象上的一体性""社会经济上的一体性""伴随着公害激化的一体性"),首先就被告的比例责任的范围,否定了以作为被告的本案道路与特定工厂群之间具有连带责任为前提的比例责任,而是限于本案各道路的参与比例。即,"对道路的设置管理者而言,对于通行于道路的汽车所排出的废气而导致的健康损害的赔偿暂且不论,对于存在于该道路所通过地域的工厂等所排出的大气污染物质而导致的当地居民的健康损害,不能认为具有足以让其承担连带责任的较强共同关系。因此,以通行于本案各道路的汽车所排出废气为原因的被告的责任,应与特定工厂群相区别,仅限定于本案各道路所排污染物质的参与比例之内"。

其次,关于被告(本案各道路)自身是否应承担连带责任的问题,通过下述分析,判决对此予以了否定,认定以各自的参与比例为限度而承担责任。即,"关于本案各道路的责任,只能就第二期(1971年开始至1977年)的国道43号线和阪神高速大阪池田线沿线,认定通行于前述各道路的汽车所排放的以二氧化氮为主的污染物质与工厂排烟具有整体性参与或者违法性。以前述认定为前提,虽然国道43号线和阪神高速大阪池田线沿线污染由于工厂排烟的介入而可以认定一体性,但两道路之间最短距离也达到了3千米","由于通行于各道路的汽车所排出的气体到达另一道路沿线的可能性较小,因此,根本不存在将两道路作为一体,使其就沿线损害承担连带责任的理由。因此,应该认为,被告国家仅就国道43号线对其沿线造成的损害、被告公团仅就阪神高速大阪池田线对其沿线造成的损害,分别在其参与比例的限度内承担责任。这样理解足矣"。

(3) 大气污染与疾病之间的因果关系论。关于此点的详细认定中的要点,引用判决"总论"部分概述如下。暂且用"发病因果关系概述"的总论部分来替代总论部分。即,"如本章第二中所判断的那样,虽然指定疾病的发病、病状恶化与诸多因素相关,但众多医学专家认为,二氧化硫、二氧化氮及浮游颗粒物等大气污染物质,从其各自的化学特性来看,都可以单独或累积在一起构成导致指定疾病发病或病状恶化的主要原因之一。从本章第六至第八中梳理的动物实验、人体实验负荷研究所得出的各种认识来看,其生物学的妥当性也得到了证明。但是,在长期暴露于一般环境大气中的较低浓度污染的场合,因其浓度、暴露期间等暴露条件以及被暴露者一方的主体条件等不同,其所造成的影响也有差异。而这些实验几乎均是在极大地超过了现实水准的高浓度暴露环境之下进行的,在接近实际大气环境的浓度水平下进行的研究甚少。在一般情况下,关于在何种程度的浓度水平与何种程度的暴露时间的情形下会引发指定疾病的发病与病状恶化,以及在这种情形下主体一方的条件如何起作用等问题,医学等相关的各种科学对此也并不十分明确。但是,在法学的因果关系方面,并不必须要求科学性的证明,也可以综合衡量该地域大气污染状况的变化情况、(指定疾病)罹患率的上升与污染状况的关联性、在该地域或其他地域所得到的流行病学上的发现等因素予以判断。以下将综合时至今日所认定的各种事实,对指定疾病与西淀川区大气污染之间的因果关系进行探讨"。判决在进行了详细的个别性探讨之后,得出如下结论:"1. 综合考虑前述已探讨的各种评价因素,在西淀川区,在第 1 期(自 1954 年开始至 1970 年为止),以降下的粉尘、浮游颗粒物、二氧化硫为中心的主要污染物质,属于全国屈指可数的高浓度污染状况,二氧化硫浓度达到了环境基准(新)的 4 倍至 8 倍。在 1970 年度被指定为"因严重大气污染等导致疾病多发的地域",该年度被认定为《公害健康被害补偿法》的认定患者已达 1 530 人,经认定,不仅本案患者几乎均是在这一时期罹患了被指定疾病,而且,西淀川区呼吸系统症状的发病率也出现了显著的增长。其主要原因被判断为以二氧化硫为中心的大气污染。不过,即使在这一时期,除工厂排烟中含有的二氧化氮以外,汽车排出的二氧化氮,也成为大气污染的原因物质,这一点也得到明确。从叠加作用来看,毋庸赘言,除了高浓度的二氧化硫之外,二氧化氮也属于污染物质之一。在这一时期,西淀川区并未对道路沿线的二氧化氮浓度进行测定,不存在可以准确推定二氧化氮浓度的证据,因此,在第 1 期,无法认定汽车所排出的二氧化氮的影响。2. 继第 1 期之后的第 2 期(自 1971 年开始至 1977 年为止)期间,尽管二氧化硫浓度得到了明显改善,但尚未达到环境基准的要求,浮游颗粒物也仍然超过环境基准的要求,在此基础上,再加上汽车排出的二氧化氮,从西淀川区整体来看,大气污染状况处于相当高浓度的水平,指定地域并未获得解除,每年约有 600 人被认定为指定疾病患者。在这种情况下,可以认定的是,本案患者中有相当一部分在这一时期罹患了指定疾病,西淀川区呼吸器疾病患者的有病率也相当高。作为其中原因之一,可以判定是受到了二氧化硫等与二氧化氮叠加起来的影响。3. 与此相对,在第 3 期,仅从道路沿线的污染物质来看,浮游颗粒物与二氧化氮浓度并未得到顺利的改善,特别是起因于汽车的二氧化氮等对道路沿线的污染已成为问题,在与本案患者的关系上,也无法否定其对本案患者症状恶化的影响,但从一般大气环境来看,由于二氧化硫浓度迅速降低使得大气污染状况在整体上得以显著改善,此外,依《公害健康被害补偿法》而被新认定的患者人数也显著减少,原告当中在这一时期的发症者也相当少,综合这些因素,并且如前所述,不存在二氧化氮可以单独影响健康(引起指定疾病的发病)的证据,由此来看,在这一时期,难以根据西淀川区的大气污染水准来确定其对健康的影响"。

八、川崎公害第二次—第四次诉讼判决

1. 民法第 719 条第 1 款前段及后段的一般定义(视角 1 及视角 3)

首先,本判决讲到,"如前所述,虽然大气污染物质的排出量与对本案地域大气污染浓度的参与比例存在变化,但可以认定以下事实:供汽车通行的、由被告设置或管理的被告道路以及由神奈川县和川崎市设置或管理的相关道路排放了具有导致居住于本案地域的居民罹患本案疾病和疾病恶化危险的二氧化氮、浮游颗粒物及二氧化硫相混合的大气污染物质。与此同时,原告主张,被告道路排出的大气污染物质与相关道路所排出的大气污染物质之间存在关联共同性,被告与神奈川县、川崎市之间成立共同侵权行为",由此,本判决对是否成立民法第 719 条第 1 款规定的共同侵权行为责任进行了探讨,但判决只是讲到,"可以认为民法第 719 条第 1 款前段及后段的差别在于是否允许提出减责或免责的主张,但被告没有提出减责或免责的主张,因此这里不对关联共同性进行区分讨论",由此仅对民法第 719 条第 1 款进行了一般性定义。

即,"原告对被告主张,后者具有《国家赔偿法》第 2 条第 1 款所规定的在公共建筑物设置及管理方面的瑕疵责任,而这种情形,可以认为包含了在相竞合的情况下导致受损害的情形,所以可以认为,竞合的情形也适用民法第 719 条第 1 款,当存在关联共同性时,即成立共同侵权行为"。在此基础上,判决作出了如下阐述。关于民法第 719 条第 1 款"共同侵权行为成立的

关联共同性,为谋求被害人的保护,应理解为共同行为存在客观关联共同即可,但为明确侵权行为责任,该客观关联共同性应限定为已达到了社会观念上将其作为整体上的一个行为这种程度的一体性"。

2. 视角2

(1) 共同侵权行为的当事人。在本案中,设置与管理国道1号线的国家,以及设置与管理神奈川县道高速横滨羽田线的首都高速道路公团(以下称"公团")为被告(以下称"被告"),被告与神奈川县、川崎市之间是否成立共同侵权行为成为问题。在此,对相关主体之间是否存在客观关联共同性予以探讨。

(2) 客观关联共同性的存在与否

本判决对被告就"本案道路的关联共同性"所主张的应具备"较强客观关联共同性"的论点,做出了如下否定性判断。"被告主张,共同侵权行为是以侵权行为人之间存在主观共同关系或至少具有共同意思较强的客观共同关系为要件的,而本案道路虽然在川崎市内形成了道路网,但道路之间的关系仅仅是形成道路网时所具有的一般性关系,并不存在足以认定这些道路之间超过了一般关系而构成加害行为的特别一体性的情况",判决则认为,"可以认为,客观关联共同性只要达到了社会观念上将其作为一个整体行为这一程度的一体性就足够了,而本案道路除形成了干线道路网之外,还存在其他诸如其位置关系、利用形态等作为一体性基础的因素,因此不能采纳被告的主张"。

接下来,本判决还探讨了①"本案道路的位置关系"("除产业道路周边及其至临海侧的道路之外,这些道路之间的间隔为400米至600米,所以本案道路于本案地域形成了干线道路网")、②"本案道路投入使用及拓宽的经过"("本案道路的干线道路网于昭和40年代前半期在本案地域已经形成")、③"本案道路的利用形态"("利用本案道路的汽车多数是在交叉路口从本案道路中的其中一条进入另一条,从而将本案道路作为一个整体来利用")、④"本案道路所排出大气污染物质的状况"("经认定,关于本案道路对本案地域大气污染浓度的参与比例,二氧化氮自1968年左右开始约为

30%,浮游颗粒物自 1974 年左右至昭和 50 年代前半期约为 25%,在昭和 50 年代后半期开始约为 45%,二氧化硫自昭和 40 年代后半期开始约为 10%,本案道路所排大气污染物质的排出量较大,并且本案道路所排污染物质对本案地域大气污染浓度的参与比例也占相当比例;而本案道路所排出的大气污染物质自道路沿线开始缓慢减少,并在大气中扩散、混合,因此,本案道路所排大气污染物质已到达本案地域的一般大气环境之中")。从前述状况出发,关于"本案道路所排放大气污染物质的一体性",判决进行了如下阐述,并肯定了客观关联共同性。"(一)从前述本案道路的位置关系、投入使用及拓宽的经过、利用形态、大气污染物质排出现状等来看,应该说,本案道路所排大气污染物质的排出行为已达到了可在社会观念上将其作为一个整体行为这一程度的一体性,因此可以认为,不仅各被告道路所排大气污染物质之间存在关联共同性,而且本案道路所排大气污染物质之间也存在关联共同性。(二)其次,如前所述,在 1981 年的线路指定及 1986 年的区域指定前,国道 409 号线属于县道大师河原幸线与县道川崎府中线的一部分,如果与前述(一)作同样考虑的话,可以说,应理解为,被指定为国道 409 号线以前的各县道与国道 409 号线以外的本案道路对大气污染物质的排放,具有可在社会观念上将其作为一个整体行为这种程度的一体性,因此,可以认为,1981 年及 1986 年以前的各县道与其他本案道路所排大气污染物质之间,也存在关联共同性。"将前述客观关联共同性的存在作为前提,本判决讲到,"尽管大气污染物质的排出量、对本案地域大气污染浓度的参与比例存在变化,但可以认定以下事实:供汽车行驶之用的、由被告设置或管理的被告道路以及由神奈川县及川崎市设置或管理的相关道路排放了对居住于本案地域的居民罹患本案疾病或加重疾病症状产生危险性的二氧化氮、浮游颗粒物、二氧化硫相聚合的大气污染物质"。在此基础上,本判决得出了如下结论:"可以认为,在能够认定因设置或管理本案道路时所存在的瑕疵而导致原告受到被害的情形下,对于因设置或管理被告道路时所存在的瑕疵所致原告的被害,被告相互之间不仅要对损害赔偿承担连带责任,而且,对于原告所遭受的全部损害,也要与设置或管理相关道路的神奈川县及川崎市连带承担损害赔偿责任。"

（3）违法性

关于违法性，本判决进行了如下阐述，认为在1968年以前自本案道路排出大气污染物质的侵害行为性较低，由此否定了其违法性。即，"经认定，自本案道路排出的大气污染物质具有导致本案地域的居民罹患本案疾病或加重疾病症状的危险性，本案道路自1968年开始持续排出二氧化氮，自1974年开始持续排出浮游颗粒物，自1965年开始持续排出二氧化硫，而且是作为二氧化氮、浮游颗粒物及二氧化硫相聚合的大气污染物质而排出，另外本案道路排出大气污染物质的年排出量较多，且对本案地域的大气污染浓度的参与比例也占相当比例，因此，对本案地域的一般大气环境而言，自1969年至1974年期间内，本案道路持续排出大量二氧化氮及二氧化硫相聚合的大气污染物质；于1975年开始，本案道路持续排出大量二氧化氮、浮游颗粒物、二氧化硫相聚合的大气污染物质，可以认定其侵权行为的形态和程度较严重。""但是如前所述，由于对二氧化氮的监测始于1968年，对浮游颗粒物的监测始于1974年，而对此前的二氧化氮、浮游颗粒物的浓度并不明确，因此，关于本案道路所排大气污染物质，对于1968年以前的时期，认定仅存在二氧化硫的排放；不过如前所述，已认定截至昭和40年代前半期，本案道路对本案地域的二氧化硫浓度的参与比例微乎其微，因此，1968年以前本案道路排放大气污染物质的行为侵害性较低，不能认定其具有违法性。"

4. 关于视角3及视角4，如1所述的理由，本案并未涉及。

5. 关于视角5

在此，对本判决中有关被告的"比例责任"以及作为上述探讨之前提的"大气污染与疾病之间的因果关系"的内容，进行探讨。

（1）被告的"比例责任"。"1. 关于被告的参与比例。如前所述，已认定自1969年之后，自本案道路边沿至50米以外的沿线地域的大气污染，是因本案道路及其他污染发生源排出的大气污染物质所致，因本案道路排出大气污染物质，导致本案道路沿线的大气污染浓度比一般大气环境高，所以可以根据本案道路对其沿线地域大气污染物质浓度的参与比例,认定对沿线原告损害的参与比例;在有其他大气污染物质发生源的情形下,从公平的观点出发,对本案道路沿线的原告所造成的损害赔偿责任按照其参与比例进行分割,被告在其参与比例限度内承担其责任。对本案道路沿线地域的参与比例如前所述,而在本案道路排放的大气污染物质中,关于1975年以后的浮游颗粒物及二氧化硫,已认定由于与二氧化氮的叠加作用而具有造成本案疾病发病和加重症状的危险性,不过关于该叠加作用的影响程度,尚不明确;难以综合前述因素来算定参与比例。因此,自1975年以后,关于已经达到了单独就可以对健康产生损害影响的浓度、从而属于主要大气污染物质的二氧化氮,本案道路对沿线地域的参与比例是45%;自1969年至1974年间,作为以单独就可以对健康产生影响的浓度而叠加起来共同起作用的二氧化氮与二氧化硫,本案道路对沿线地域的二氧化氮的参与比例为45%,对二氧化硫的参与比例为10%,二者平均则为27%,所以可以将此作为被告的参与比例。""因此,被告对于被认定为自1969年至1974年期间罹患本案疾病或加重症状的沿线原告,在27%这一参与比例的限度内,对于被认定在1975年以后罹患本案疾病或加重症状的沿线原告,在45%这一参与比例内,""就前述损害额进行分割并承担赔偿责任"。

(2) 大气污染与疾病之间的因果关系

判决认为,"已经认定,沿线原告自1969年以后居住于本案道路沿线地域,并生活于一般大气环境之中,遭受了包括本案道路所排出物质在内的、具有导致本案疾病发病或加重症状危险性的、持续且大量的复合大气污染。应该说,即使是在大气污染与导致产生本案疾病发病或加重症状影响的大气污染之外的因素相互作用而诱发本案疾病的场合,也就是存在大气污染物质之外的因素的情形下,也不能否认大气污染的影响,因此只要无法做出"由于能够对本案疾病发病或加重症状产生影响的大气污染之外的因素而导致原告罹患疾病或加重症状"这一反证,那么就可以认定沿线原告罹患本案疾病或加重症状与本案道路沿线地域的大气污染之间具有因果关系。而在本案中,就道路沿线原告并未进行上述反证,因此可以认定沿线道路原告罹患本案疾病及症状加重与本案道路沿线地域的大气污染之间具有因果关系。""对此,被告主张,就原告患者或死亡患者的一部分,吸烟、特异反应体质等被质疑为其致病原因,原告患者或死亡患者罹患本案疾病或加重症状与大气污染之间并无因果关系,但如前所述,有可能存在大气污染与产生本案疾病发病或加重症状之影响的大气污染之外的因素相互作用而诱发本案疾病的情形,从这一角度来看,仅仅存在大气污染之外的因素造成本案疾病或症状加重的疑问,并不能否定大气污染与疾病之间的因果关系,被告进行的主张及举证,不足以推翻其因果关系的存在"。

九、尼崎公害诉讼判决

1. 民法第719条第1款前段的一般定义(视角1)

本判决对于前段的立法趣旨与意义进行了如下说明。"一、民法第719条第1款前段的共同侵权行为的要件与效果。民法第719条第1款前段(以下称"前段")明确规定:"数人因共同侵权给他人造成损害时,各自对其损害负连带赔偿责任。"在多数行为人的违法行为造成损害发生的情形下(行为人分别构成侵权行为的情形),从民法的根本原则——私人自治原则所推导出的自己责任原则来看,使行为人分别仅对其自身行为所产生的损害承担责任即可;就其他行为人的行为所致损害,并不产生承担责任的义务。但是,在多数行为人的违法行为造成损害的情形下,这些行为人之间的关系、参与的形态、各个人的行为的内容、受损害的形态、因果关系的序列等千差万别,让受害人对这些因素均详细把握并予以举证,非常困难。考虑到受害人一方证明的困难性,从保护受害人的观点出发,前段规定,当多数行为人的行为可以评价为"共同行为"的情形下(各行为人的行为存在关联共同性的场合),受害人可以通过对各行为人的行为之间存在关联共同性、该共同行为与结果之间具有因果关系进行举证(由此从法律上推定个别行为与结果之间的因果关系),可请求就共同行为造成的全部损害结果进行赔偿;不允许共同行为人以各自行为与结果之间不存在个别因果关系为由提出减免责任的主张(共同行为人各人对全体成员的行为结果承担全部连带责任),这样理解是妥当的。"

关于"关联共同性",存在"客观关联共同性"足矣。本判决讲到,"像这样,前段的规定,通过将多数行为人之间的关联共同性作为要件,使各个共同行为人对共同行为所产生的结果承担全部责任,在这一点上,(民法719条第1款前段)是修正了自己责任原则的、关于特殊侵权行为的规定,因此,关于关联共同性,并不要求行为人之间具有主观共同关系(共谋、教唆、帮助等意思关联)(有主观共同关系当然可以肯定其关联共同性),对结果的发生,各行为在客观上存在关联共同性,足矣。但应理解为,各行为与结果发生间的关系,必须具备可以在社会观念上将其作为一个整体这种程度的紧密关联。"以下则是其判断标准。"关于是否存在前述关联共同性,结合本案(大气污染)而言,应综合衡量污染物质的排出行为人之间在资本、经济、组织上的结合关系的有无及结合的程度,污染物质排出设施的选址状况,污染物质的种类及其排出的形态和排出量,对污染的参与比例,污染物质排出防止措施的有无以及是否存在相关配合防止污染物质措施的情况,是否具备其他客观要素等,进行判断。"

2．(是否成立共同侵权行为)视角2

位于尼崎市城区南侧(临海地带)的工厂(9家企业)与国道43号线的管理者即国家及大阪西宫线的道路管理者即阪神高速道路公团(以下简称"公团")之间,是否构成共同侵权行为,成为问题(由于原告同9家企业达成诉讼上的和解,判决仅涉及国家与公团之间的关系)。具体而言,9家企业与国家、公团之间的共同侵权行为,以及国家与公团之间的共同侵权行为,成为问题。其中,关于9家企业与国家、公团之间的共同侵权行为,如下所述,本案道路排烟与诉外工厂排烟之间是否存在关联共同性,成为问题。判决以不存在关联共同性为由而否定了民法第719条第1款前段的适用。

即,判决认为,"可以说,诉外工厂排烟与本案道路排烟,混合并扩散至以尼崎市南部为中心的广大范围的大气之中,并到达了居民(所居住之地)",但"诉外工厂排烟与本案道路排烟之间存在如下不同之处。""1. 大气污染物质到达形态相异""2. 排出抑制对策相异""3. 排烟的成分相异"。

在指出前述不同之后，判决得出如下结论："除上述各个不同点以外，也无法认定：诉外工厂（诉外公司）与本案道路（被告）之间存在资本、经济、组织上的结合关系，以及本案道路的设置与管理者即被告参与了诉外工厂排烟的抑制对策；诉外工厂的经营者即诉外公司参与了对本案道路排烟的抑制对策。综合考虑以上情况，诉外工厂排烟与本案道路排烟之间，仅存在排烟相互混合并到达居民所居住之地这层关系，无法认定其全体作为一个整体的排烟行为"，"因此，不能肯定诉外工厂排烟与本案道路排烟之间存在前段规定的关联共同性"。

与此相对，关于国家与公团之间的共同侵权行为，如下所述，判决虽然肯定了国道43号线的道路排烟与大阪西宫线的道路排烟之间的关联共同性，但是，否定了国道2号线的道路排烟与大阪西宫线的道路排烟之间的关联共同性。"综合衡量被告国家与被告公团之间的关系、国道43号线与大阪西宫线的选址状况、前述各道路的道路排烟导致大气污染的状况等因素，前述各道路的道路排烟（前述各道路的供用行为）可以被评价为社会观念上的一体性行为，前述各道路排烟之间，构成了前段的关联共同性。因此，在国道43号线及大阪西宫线各自的设置或管理具有瑕疵的场合，对于因国道43号线沿线的局部大气污染造成的健康损害，二者的管理者即被告国家与被告公团，基于前段的规定，承担全部损害赔偿义务（不真正连带债务）"。与此相对，"综合考虑国道2号线与大阪西宫线及国道43号线的各自选址状况、各道路排烟对彼此沿线地域的大气污染的形成所参与的状况等因素，即便考虑被告国家与被告公团的前述关系，也无法认定国道2号线的道路排烟与大阪西宫线及国道43号线的道路排烟之间存在前段的关联共同性"。

在这里，《国家赔偿法》第2条第1款所规定的事由与共同侵权行为的成立与否作为前提而成为问题（被告的主张）。不过关于这一点，如下所示，在判决中得到了肯定。"民法第717条（工作物责任）的责任是侵权行为责任的一种（只不过，与民法第709条将作为责任基础的违法评价对象规定为'行为'、采取过失责任主义相比，民法第717条则将违法评价的对象规定为工作物,采取了无过失责任主义。)。《国家赔偿法》第 2 条第 1 款规定,是与民法第 717 条具有相同趣旨的特别法。而且,也有可能存在公共营造物的瑕疵与第三人的违法行为相竞合并导致他人损害的情形。因此,即使在《国家赔偿法》第 2 条第 1 款的责任原因事由(营造物的瑕疵)与第三人的过失行为相竞合或相关联而导致损害发生的情形下,也可以适用民法关于共同侵权行为的规定。同时,对于管理者不同的数个公共营造物的瑕疵(即《国家赔偿法》第 2 条第 1 款的责任事由)相竞合或相关联而导致损害发生的情形,也应进行与上述相同的理解"。

3. 民法第 719 条第 1 款后段的一般定义(视角 3)

首先从结论而言,本案在适用民法第 719 条第 1 款后段的基础上,与西淀川公害第二次—第四次诉讼判决一样,也将本案作为"竞合的侵权行为"的问题来理解,本条款后段的类推适用被作为问题(西淀川公害第二次—第四次诉讼判决,采用了"民法第 719 条的类推适用"这一法律构造)。所以这里看一下本判决对二者进行的一般性定义。

关于立法的趣旨与意义,判决所述如下。"民法第 719 条第 1 款后段(以下称"后段")规定,"在不能确定共同行为人中由何人加害时",共同行为人仍承担该款前段的连带责任。该规定的趣旨是:将足以造成受害人的权利侵害结果的复数侵权行为予以特定,当观察其中的任何一个行为,均存在如果没有他人的行为就可以推定其与结果之间具备因果关系这种客观状况(各行为间存在择一关系)时,在不能确定共同行为人中由何人加害时(加害人不明),为了对受害人难以证明由哪一个特定行为人的加害行为(个别行为)导致结果产生这种个别的因果关系这一点进行救济,以及避免下述这种不合理的结果,从而允许对个别因果关系进行推定:加害行为人,如果是单独行为的话可以推定其与结果之间的因果关系,但是由于碰巧数个行为人参与而使受害人陷入证明困难的境地,因此导致就任一行为而言,均无法明确其与结果之间的因果关系,从而每个行为人均被免除责任"。

关于成立要件(以"特定复数行为的存在"为必要),判决进行了如下阐述。"后段规定的共同侵权行为,由于构成结果发生之原因的个别行为并非复数,所以不存在与结果之间存在事实因果关系的"共同行为"(这一点上,与前段共同行为相异),而只是独立地存在着数个可能混淆因果关系之认定的行为。在后段,如前所述,仅仅是对推定对结果具有因果关系而使其承担连带责任的数个行为冠之以"共同行为",该复数行为人之间的关系,只要具备"与结果具有因果关系的某行为人是被特定的复数行为人中的某一人"这种择一关系足矣,而不要求前段那种趣旨的关联共同性,即使是存在偶然关系的情形,亦可。"

关于免责举证的可能性,判决进行了如下阐述。"由于后段的规定具有如前所述的趣旨,如果前述'共同行为'人证明自己的行为(个别行为)与结果的全部或一部分之间不存在因果关系(个别因果关系)的话,则可以免除该责任(全部连带责任)的全部或一部分"。

与西淀川公害第二次—第四次诉讼判决相比,本判决的特征更为鲜明。即,可以说本判决更加明确了后段中的"共同行为"的含义。具体而言,即本判决扩大了后段的适用范围。"复数行为之间的关系,只要具备'与结果具有因果关系的行为人是被特定的复数行为人中的某一人这种择一关系',足矣,""不要求前段那种趣旨的关联共同性,即使是存在偶然关系的情形,也可适用"。

关于作为后段类推适用之前提的"竞合侵权行为",判决进行了如下阐述(城市型复合大气污染的情形下,不适用民法第719条第1款)。即"像是本案这样的城市型复合大气污染的情形,污染物质的发生源众多,而且多种多样,甚至还有自然产生的污染物质,这些物质形成了不可分割的一个整体而造成了污染状态。其中,尽管导致同一损害(健康损害)发生的大气污染,是因为不特定多数人排出污染物质的行为所致,但也存在仅由其中特定的数人所排出的物质就足以造成全部或部分损害的情形。不过即使在这种情形下,如果无法认定前段所规定的关联共同性,就欠缺民法第719条第1款的要件"。但接下来,判决论及了对民法第719条第1款后段进行类推适用的可能性。"但是,在前述复合大气污染造成健康损害产生的情形下,考虑到对全部污染发生源予以特定,并且就各污染发生源所排出的物质与健康损害之间的个别因果关系进行举证极其困难,如果要求受害人进行举证则很可能导致受害的恢复途径被关闭。另外,在健康损害的结果在现实中已经产生,并且可以对构成该结果产生原因的全部或者一部分的污染物质的排出行为人进行特定的情况下,如果仅仅因为形成大气污染的污染物质的排出行为间不存在关联共同性,就导致不能救济被害,则有悖于侵权行为法的理念。因此,在如前所述的情形下,即使在能够特定的污染物质排出行为之间不存在前段规定的关联共同性,但只要能够特定对结果构成某种程度的原因力的污染物质排出行为人,就可以类推适用后段规定。"也就是说,对后段进行类推适用的要件是,"能够特定对结果构成某种程度的原因力的污染物质排出行为人"。

最后,关于原告与被告二者的举证(适用效果),判决所述如下。"应该认为,受害人(原告)有责任证明不特定多数的污染物质排出行为人中的特定数人的行为相互混合,实施了具有足以导致现实中所产生的全部或部分结果的危险性的违法行为,被告则可以通过证明自己的行为与全部或部分结果的产生之间不存在因果关系(自身行为对结果的参与作用的有无或其程度),获得减责、免责。"

4. 视角 4

本判决否定了工厂排烟与道路排烟之间可以类推适用"后段"。即,判决在否定前段适用的基础上,得出如下结论。"综合考虑前述诉外工厂排烟与本案道路排烟各自在到达的形态、成分、排出量方面的相异,以及如后所述的前述各排烟对于健康损害的原因力的相异等因素,诉外工厂排烟与本案道路排烟之间,不能类推适用后段规定。""因此,即使将本案道路排烟与诉外工厂排烟均作为尼崎市大气污染形成的主要原因,在探讨其对健康被害的损害赔偿责任时,应该作为各自独立的侵权行为来探讨因果关系"。

5. 视角 5

(1) 本判决基于沿线道路致健康损害的原因仅存在于道路排烟这一点,而未考虑比例责任(参与比例的减少)。

那么,作为前述探讨之前提的、大气污染与疾病之间的因果关系,本判决进行了怎样的阐述呢？关于这一点的认定方法，本判决将前述因果关系大致区分为"集团因果关系"与"个别因果关系"，并阐述了统一的认识。在此，我们对这一点进行一下梳理。首先来看集团因果关系。"一、在本案中，以本案道路的瑕疵为原因，而成立《国家赔偿法》第2条第1款的损害赔偿请求权，必须存在以下这种因果关系：本案道路排烟作为原因而造成本案患者人身损害，即造成指定疾病的发病或者症状加剧（症状频发或有碍于症状的自然缓解。以下的"加剧"具有与此相同的含义）。但是，大气污染以外的各种因素也可导致指定疾病的发病或症状加剧，通过对临床症状或检查结果的探讨，并不能从医学、临床上就本案中的每个患者判定大气污染导致了指定疾病的发病或症状加剧这一因果关系。关于这一点，无论是《公害健康被害补偿法》制定时还是现在都没有变化。二、《公害健康被害补偿法》的救济制度，是以如前所述的（基础事实第五章第四之一）、无法在医学及临床上就每个患者判定因果关系为前提，但依据一定的框架进行因果关系的判断而制定并运行的制度，《公害健康被害补偿法》关于因果关系的判断方法，不是与民事损害赔偿毫无关系的、仅作为运用行政救济制度的权宜之计而被设想出来的方法，而是参照自然科学水准，作为在尚未出现其他可以凭借的判断方法的情况下的最佳方法而加以采用的。这在中央公害对策审议会1973年4月5日（关于公害健康被害损害赔偿保障制度）的答辩中也得到了明确（不过，《公害健康被害补偿法》并未将患者个人发病是否发生在该第一种地域的大气污染以前作为问题点来认定因果关系，并没有区别指定疾病的发病因果关系与症状加剧的因果关系的判断方法）。三、关于因果关系的判断方法，前述答辩中的内容，即使在今天也是妥当的。在本案中，为判断是否存在因果关系，也必须首先对照流行病学等科学知识，探讨何种大气污染能够在何种程度上导致指定疾病的发病或症状加剧，在此基础上，必须肯定尼崎市大气污染是导致指定疾病发病或症状加剧的因素。这种第一阶段的工作，是对存在一定大气污染的地域与该地域的人口集团之间的所谓'集团性'因果关系的探讨，与将其指定为《公害健康被害补偿法》上的第一种地域属于相同的工作。其次，如果能够在尼崎市的一定时间的一定区域范围内肯定'集团性'因果关系(即,能够认定存在有可能构成指定疾病的发病或症状加剧的因素的大气污染的情况下),接下来就要进行第二阶段的探讨,即,关于各个本案患者罹患指定疾病,探讨能够在多大程度上确定其与大气污染之间的因果关系。这一第二阶段的工作,是以集团性因果关系的存在为前提的、所谓'个别性'因果关系的探讨,与《公害健康被害补偿法》上对疾病罹患的认定与暴露要件的认定属于相同的工作。四、如上所述,在本判决中,为确定本案患者罹患指定疾病及症状加剧与大气污染之间的因果关系,首先有必要确定尼崎市是否存在有可能构成指定疾病的发病及症状加剧因素的大气污染,也就是有无集团性因果关系,应该将这一点作为第二个争议点。"

其次,关于个别性因果关系,本判决阐述如下。"如果在第二个争议点的判断中,集团性因果关系得以被肯定,则有必要讨论个别性因果关系,这属于第三个争议点。"即,"首先,本案患者是否罹患了指定疾病这一事实认定成为问题,其次,在能够肯定罹患指定疾病的事实的情况下,则要探讨能够在多大程度上确定该等事实与尼崎市的大气污染之间的因果关系,如基础性事实第六章第三所述,本案患者被认定在其申请认定时已罹患指定疾病,并且本案患者符合《公害健康被害补偿法》所规定的暴露要件。因此,第三个争议点中的问题,肇始于对《公害健康被害补偿法》上的认定所具有的意义的探讨。"

十、名古屋南部公害诉讼判决

1. 民法第 719 条第 1 款前段的一般性定义(视角 1)

关于本判决中的共同侵权行为,如后所述,数个公司(被告公司)间的关系以及被告公司与被告国家间的关系成为问题。虽然可以认为,在上述当事人之间的共同侵权行为中,本判决将民法第 719 条第 1 款前段的共同侵权行为作为问题,但本判决并未单独对其进行一般性定义。不过,判决在其适用部分讲到,"能够认定存在社会观念上的客观一体性及共同性"(存在客观关联共同性),在肯定民法第 719 条第 1 款前段的适用时,则将"连带责任"作为前提,认为"不允许个别的责任减免",所以在上述要件及效果方面,很明显是对民法第 719 条第 1 款前段进行了一般性定义。

2. 视角 2

在本案中成为问题的是,爱知县名古屋市、东海市及其周边地域中,在依据《公害健康被害补偿法》而被指定为第一种地域的地域(本案地域)设置工厂等的 10 家企业(当初有 11 家企业,但针对其中一家破产公司的起诉后被撤销。)以及设置并管理国道 1 号线、23 号线、154 号线、247 号线(以下称"本案各道路")的被告国家之间,对于大气污染物质的排出是否成立共同侵权行为。

(1) 被告公司间的关联共同性

首先,就被告公司间是否存在客观关联共同性,本判决认为,根据中京工业地带形成的经过、各个工厂的建设及开工的经过、本案各工厂选址的情形、本案被告公司所涉及的行业种类的多样性,以及被告公司在"生产工程的功能及技术方面的结合关系,在原材料及产品方面的交易关系,在资本、人员及组织方面的结合关系"方面,"虽然不能说完全不存在上述结合关系等,但不能说这种关系特别强","依据这些事实,被告公司之间的结合关系不能说是紧密与强烈的。""另外,尽管本案各工厂被认定几乎都是共同利用被告中电所提供的电力、被告东邦瓦斯所提供的燃气、作为水道用水的爱知用水、名古屋港、产业道路、工业用地(填筑地)、临海铁道等社会资本,但没有足够的证据证明被告公司独占并排他性地利用这些社会资本。说起来的话,社会资本本来就以由其所属地域共同使用为前提。这样来看的话,即使被告公司都在共同使用比其他企业等更多的社会资本,也很难由此事实而断言被告公司之间存在紧密的一体性。"

但判决仍然做出了如下的判断。"尽管如前所述,被告公司是基于各自的考虑以及经营判断来开设本案中的各工厂,但可以认为,被告公司在决定选址于名古屋市南部至东海市一带时,均各自着眼于广大的工厂用地(填筑地)、海运等社会资本的存在、劳动力的存在、所制造商品的销售对象所在地等因素,在具有盈利可能性的情况下,开始并持续着运营。并且,在工厂运行的过程中,大量排出二氧化硫等对包括本案患者在内的附近居民的健康具有损害的硫氧化物,这些硫氧化物至少从其结果来看,结为了一体,并对本案患者中如前所述被认定具有个别因果关系的那些患者的健康造成了损害","可以认定,被告公司对于自己公司的排烟至少在与附近其他被告公司的排烟结为一体时会对本案地域居民的健康造成损害这一点,具有预见可能性并且可以回避这一情况,却开始了工厂的运转并持续排烟。另外,虽然如前所述,本案中各个工厂的所在地分布比较分散,但就前述被害人而言,可以认定其处于可视为一个整体的位置。那么,考虑如上所述的吸引本案各工厂进行选址的因素的共同性、基于上述因素而形成的本案各工厂在位置上的紧邻性、大量大气污染物质的排出、由此所造成的附近居民的健康损害、有关上述事实的注意义务的共同性等情况,就被告公司而言,在本案地域被认为存在大气污染的1961年(如前所述,虽然本案各工厂在当时并非全部开始了运转,但至少从公司层面来看,所有的被告公司在当时都开始了运转),可以认定存在社会观念上的客观一体性以及共同性。"接下来,判决指出了以下事实:以1962年6月《煤烟规制法》的制定为发端,国家、爱知县、名古屋市等针对大气污染公害采取了规制,以上述规制及1971年以后的公害防止协定为契机,被告公司采取了相应的各种公害防止对策。判决将上述事实作为了证明上述客观关联共同性的补强性根据。"可以认为,上述国家等组织,作为实施环境行政的一环,对被告公司分别采取上述规制,是着眼于基于以下情况所推导出的被告公司在社会观念上的客观一体性以及共同性,认为采取规制有助于行政目的之实现:自本案各工厂中排出了被设想为有可能对包括本案患者在内的附近居民的健康造成损害的大气污染物质,并且该物质的量比较大;本案各工厂的位置虽然可以说比较分散,但就上述被害者而言,可以认为其处于可视为一个整体的位置;因此,被告公司在运转并持续排烟时,应共同承担上述注意义务。另外还可以推测,被告公司也是基于同样的认识而响应了上述规制。所以可以认为,共同采取上述规制的事实,也与上述客观一体性及共同性之判断具有紧密的联系。"

根据上述论证综上,判决得出了如下结论:"基于民法第719条第1款前段的规定,被告公司作为共同侵权行为人,就原告的损害承担连带责任,并且,就各个被告公司不允许个别的责任减免。"

(2) 被告公司与被告国家之间的关联共同性

"一、对于1978年以前因硫氧化物造成本案患者发病和病情恶化的问题,根据以前的认定,无法断言上述问题无一例起因于通行于本案各道路的汽车所排气体。""但是,前述硫氧化物中来自于汽车所排放的部分,特别是其中来自于通行于本案各道路的汽车所排放的部分,无法认定其特别之处,因此,对于在前述时点因硫氧化物而导致本案患者发病等问题,无法认定被告国家的责任。"

"二、其次,对于1972年国道23号线全线开通以后,因浮游颗粒物导致道路沿线居民罹患支气管哮喘或病状恶化的问题,尽管被告公司也有可能排出类似于柴油机颗粒物的物质,但如前述,由于其发病等的因果关系,仅仅在沿线道路20米的范围内予以认定,因此必须说,并不存在认定被告公司的侵权行为的余地。因此,对于原告的损害中起因于前述原因的部分,全部由被告国家单独承担赔偿责任"。

3. 关于本案,本判决仅考虑民法第719条第1款前段的适用,因此并未涉及视角3及视角4的探讨。

4. 关于视角5

(1) 本判决将"被告公司所排出硫氧化物到达本案地域的参与率"设定为"到达的因果关系",通过"扩散模拟实验的方式"测算出被告公司的参与率,并得出如下结论。"前述模拟实验根据由环境厅制成的"总量规划手册(导则)"而进行,其计算值从实测值与回归直线的倾角、相关系数等方面来看均具有合理性。

同时,被告公司在提起本诉讼后,也委托承担前述爱知县调查的调查者,根据相同方法计算了1973年和1975年各公司的参与率。由此算出了1973年、1975年被告公司对于二氧化硫的参与率",其计算结果为,"被告公司全体的参与率在1973年为28.3%。在1975年为12.7%"。因此,损害赔偿责任也按这一"参与率"计算出的数额承担。即,"在本案地域,自1971

年至 1978 年因二氧化硫造成的大气污染是由属于被告公司的本案各工厂排出的工厂废气所导致的。因此,对于前述因大气污染而遭受健康损害(罹患指定疾病或病情恶化)的本案患者的损害,由被告公司在前述认定的参与率的范围内承担连带责任。"

(2)最后,关于作为上述探讨之前提的"大气污染与疾病之间的因果关系",判决所述如下。本判决也将这一问题区分为"集团因果关系问题"和"个别因果关系问题"进行讨论。与此前的判例一样,本判决也对二者均进行了详细论证,其要点如下所述。首先,在集团因果关系的论证中,关于"本案地域全部大气污染物质所导致的一般污染与指定疾病之间的因果关系",判决认为,"根据上述所认定的本案地域的大气污染状况、有关大气污染与健康损害之间的关系的流行病学研究结果等,来判断本案地域全部大气污染物质所导致的一般污染与指定疾病之间的因果关系";关于"二氧化硫",判决认为,"根据以上认定的事实,能够认定,在本案地域自昭和 30 年代后半期的 1961 年左右开始至 1975 年左右为止所出现的以二氧化硫为中心的大气污染,具有单独导致指定疾病发病或者病情恶化的高度盖然性,如果考虑发病所需的时期,对于那些在前述时期于本案地域居住或工作,并且至少至 1980 年以前成为指定疾病的发病者、病情恶化者的人而言,可以肯定其发病或病情恶化与二氧化硫等硫氧化物所单独导致的大气污染之间的因果关系"。

关于"二氧化氮",判决认为,"根据前述 1 至 4,本案地域的二氧化氮浓度,虽然其最大值超过了我国环境基准,但其年平均值低于美国的大气环境基准,并且没有发现因二氧化氮个人暴露量的差异导致呼吸器官症状的有病率出现有意义的差异。在探讨环境厅 a、b 调查的基础上所形成的 1986 年专门委员会报告的结论,也否定了作为前述各调查之对象的、当时的二氧化氮浓度与指定疾病发病等之间的因果关系,在此后的流行病学调查中,虽然存在肯定或否定二氧化氮浓度与"当时的气喘样症状"的有病率、新发病率之间的相关关系的解析结果,但根据以最新知识为基础的环境厅的调查,未发现有意义的相关关系。另外可以认为,本案地域的二氧化氮浓度水平不能说特别高于我国其他地域（图表24等）；虽然可以设想到，家庭内也产生相当高浓度的二氧化氮，并且造成一定的暴露，但上述暴露对健康的影响尚不明确；鉴于过去知识所存在的问题点而进行的最新流行病学发现的结果，可以说否定了我国现状程度的二氧化氮浓度与指定疾病之间的相关关系。综合考虑这些事实，不得不说，不足以认定本案地域水平的二氧化氮与指定疾病之间的因果关系"。关于"浮游颗粒物质"，判决认为"如前所述，虽然本案地域的浮游颗粒物的浓度超过环境基准这一点已获认定，但不得不说不能直接认定前述浮游颗粒物在全部地域的一般浓度水平与本案地域居住者的指定疾病的发病、病情恶化之间的因果关系"。

其次，关于"沿线道路的大气污染与健康损害（集团因果关系）"，判决得出如下结论："关于前述支气管哮喘，虽然可以认定，在拥有足以与千叶大调查的对象地域所匹敌的交通量、大型车混入率的干线道路上以柴油机颗粒物为中心的汽车排出气体与该道路沿线居民的支气管哮喘的发病、病情恶化之间的因果关系，但关于支气管哮喘以外的慢性闭锁性肺疾病，根据本案全部证据，仍不足以认定汽车排出气体与道路沿线居民发病之间的集团性因果关系。另外，同样地，对于并不居住于道路沿线而只是在道路沿线工作的人而言，也不得不说，不存在足以认定汽车排出气体与支气管哮喘的发病和病情加剧之间的因果关系的证据"。

判决认为，"最后，有必要确定'道路沿线的范围'"，结论为，"根据已确定的知识可以肯定，至少在距离道路边沿20米以内的位置存在污染物质的影响。因此，在本案诉讼中，可以认定，在具有足以与千叶大调查的对象地域所匹敌的交通量、大型车混入率的干线道路上以柴油机颗粒物为中心的汽车排出气体与居住于该道路沿线20米以内位置的本案患者的支气管哮喘的发病和病情恶化之间具有因果关系"。

最后，关于后者的个别因果关系，判决作出如下陈述："1.在前述陈述中，已判定本案地域、道路沿线的大气污染与由此导致的指定疾病的发病与病情恶化之间存在一般性、集团性因果关系。但在本诉中，由于本案各位患者均以各自的发病和病情加剧为由请求损害赔偿等，因此，有必要明确各位患者各自的病状与大气污染之间的因果关系。即,作为因大气污染而导致的呼吸疾病的指定疾病,属于非特异性疾病,也可由大气污染以外的多种多样的因素导致发病。通过流行病学方法仅仅证明了以下事实:某类人口集团的疾病过多的原因为大气污染这样的集团因果关系,前述方法无法严格证明各位患者的疾病均起因于大气污染这种个别因果关系,无法排除各位患者因大气污染以外的因素导致罹患疾病的可能性。因此,与集团性因果关系的判断相异,有必要对本案各位患者的个别因果关系予以判断。"(以下省略)

十一、东京公害诉讼判决

1. 民法第719条第1款前段的一般性定义(视角1)

"民法第719条第1款前段规定,'数人为共同侵权行为'的场合,复数加害人应对因其'共同侵权行为'给他人所造成的损害承担连带赔偿责任,关于该等共同侵权行为,从保护被害人的观点来看,可以认为,如果被害人可以证明,①复数加害人的行为相互之间存在客观关联共同性,能被评价为'共同行为';②该等共同行为与损害发生之间存在因果关系,则不需要证明各加害人的行为与损害发生之间存在因果关系,受害人就可以请求各加害人连带赔偿因该共同行为所产生的全部损害"。

此外,关于国家赔偿法第2条第1款与民法第719条第1款前段之间的关系(国家、公团的主张),判决存在如下阐述(与尾崎大气污染诉讼相同)。"关于国家赔偿法第2条第1款所规定的营造物设置和管理上的瑕疵是指,营造物处于欠缺通常所应具备的安全性这一状态,而设置和管理者对于营造物处于欠缺通常所应具备的安全性这一状态置之不理,违反其应有的消除这一状态的义务。特别是,如本案这样,主张在营造物的利用形态和程度超过一定限度的情况下,尽管存在由于超过了这一限度的利用而有可能危害第三人的危险性,却在不采取特别措施或不作妥当限制的情况下继续予以利用,结果导致对周边的居民等产生危害的情况,属于该款所规定的瑕疵,即以所谓的供用关联瑕疵为理由请求损害赔偿的场合,由于在违反前述义务方面表现显著,也正是因为这方面的特征十分显著,所以尽管(法律中)不存在明文规定,但可允许前述的营造物设置和管理者的免责抗辩(不存在预见可能性、不存在回避可能性)。如果考虑这些因素的话,道路沿线周边居民在遭受以具有不同设置和管理者的复数干线道路为烟源的汽车所排气体的影响而罹患支气管哮喘或者病情恶化的情况下,如果能够认定各干线道路的使用中存在前述客观关联共同性时,可以根据国家赔偿法第4条的规定,认为各干线道路的供用关联的瑕疵属于民法第719条第1款所规定的'共同侵权行为'"。

2. 视角2

在此,被告国家(国道)、被告东京都(都道)以及被告首都高速道路公团(首都高速道路)之间的共同侵权行为成为问题。在本案中,对于以属于不同设置及管理者的复数干线道路(本案对象道路)为烟源的汽车所排气体的影响而罹患支气管哮喘或者病情恶化的4名原告而言,本案对象道路在供用方面的客观关联共同性的有无成为问题,关于就4名原告而言本案对象道路之间的关系,判决分别做出如下认定:"本案原告(注:乙山),自1985年11月开始至1997年4月为止的期间内,在距国道4号线(日光街道)约7米内,距都道新荒川堤防线约37米的地方居住,两道路在距本案原告的上述居住地约50米的地方呈立体交叉结构建造,在本案原告的居住地附近以两道路为烟源的汽车所排气体浑然成为一个整体,对本案原告的居住地等道路沿线地域产生影响。本案原告暴露于该汽车排出气体之中,并因此导致支气管哮喘病情恶化";"已死亡的戊原自1979年8月起居住于距国道6号线(水户街道)约45米,距都道千住小松川葛西冲线8米以内的地方,两道路在距本案原告居住地约45米的地方(本田广小路十字路口)呈立体交叉结构建造,已死亡的戊原的居住地附近,以两道路为烟源的汽车所排气体浑然成为一个整体,对已死亡的戊原的居住地等沿线道路地域产生影响,已死亡的戊原暴露于该汽车排出气体之中,并因此于1980年10月左右出现支气管哮喘,此后病情恶化,于1996年11月24日因支气管哮喘重病发作而死亡";"本案原告(注:戊田),自1970年10月至1976年5月期间,居住于距都道音羽池袋线20米,距首都高速5号线约50米的地方,首都高速5号线呈高架结构建造,在本案原告居住地附近以平坦道路方式设置于前述都道的上面,首都高速5号线与前述都道呈二层结构建造,以两道路为烟源的汽车所排气体成为一个整体对本原告居住地等沿线道路地域产生影响,本案原告暴露于该汽车排出的气体之中,并因此于1976年左右因支气管哮喘发病";"本案原告(注:丁原)自1973年至1981年期间,距国道254号(春日道路)27米以内,距都道白山祝田町线(白山道路)约12米的地方居住,在1992年9月以后,也居住于同一住所,本案原告居住的公寓临都道而建,由两道路所夹持,距两道路的交叉点(春町交叉点)极近,在本案原告居住地附近,以两道路为烟源的汽车所排气体浑然成为一个整体而对本原告居住地等道路沿线地域产生影响,本原告暴露于该汽车所排气体之中,并由此导致支气管喘息的症状加剧"。判决认定,"依据以上事实,很明显,本案对象道路在上述各原告以及已死亡的戊原的各自居住地附近的供用情况是,在位置上极为接近的两道路,在距离居住地极近的地方相交汇,或者采取二层构造,以两道路为烟源的汽车所排气体,成为一个整体而对上述各原告以及已死亡的戊原的居住地等道路沿线地域产生影响。"而且,"关于本案地域内的国道的维持、修缮及其他方面的管理,在指定区间内由国土交通大臣(原建设大臣)即被告国家实施,在指定区间外由被告东京都实施(道路法第13条第1款),不过,在指定区间内,被告东京都可以对国道实施除维持、修缮及灾害复旧以外的管理(该条第2款)。关于国道新建或改建所需费用,以及指定区间内的国道的维持、修缮及其他方面的管理所需的费用,由被告国家与被告东京都共同负担,指定区间外的国道的维持、修缮及其他方面的管理所需的费用由被告东京都负担(该法第50条第1款、第2款)。关于都道,其管理由被告东京都进行(该法第15条),在拟认定、变更或废除都道的线路时,东京都知事必须与国土交通大臣进行协商(该法第74条第1款。另,根据1999年法律第87号修正前的该条规定,东京都知事必须获得原建设大臣的认可),关于该管理的费用,原则上由被告东京都负担(该法第49条),但在有必要整备主要都道的场合,对于都道的新设或改建所需费用,被告国家可进行补助(该法第56条),此外,对于都道修缮所需费用,国家也可以进行补助(关于道路修缮的法律第1条)。关于首都高速道路,被告公团除了可以根据首都高速公团法第30条第1款的规定,按照国土交通大臣(原建设大臣)所指示的基本计划,新设、改建汽车专用道路(首都高速道路)及征收费用之外,也可进行道路的维持、修缮及灾害后的复原,在进行这些事项时,可代为行使本来的道路管理者(首都高速道路是都道,本来的道路管理者是被告东京都)的部分权限(即道路整备特别措施法第7条第1款所规定的权限。上述内容可参考该法第7条、该条之2、该条之5以及该条之6)。被告公团的资本金,在设立之际,由被告国家与被告东京都出资(首都高速道路公团法第4条以及首都高速道路公团法第4条第1款中的地方公共团体的政令);被告公团的理事长、副理事长及监事由国土交通大臣(原建设大臣)任命(该法第20条)",判决在认定前述事实之后,在考虑双方因素的基础上,得出了如下结论。

"以前述所示国道、都道及首都高速道路的设置、管理及费用负担的方法、相互间的密切关系等为前提,从本案各对象道路在前述各原告及已死亡之戊原的各居住附近的供用状况(在位置上极为接近的两道路,在距离居住地极近的地方相交汇,或者采取二层构造,以两道路为烟源的汽车所排气体,浑然成为一个整体,对前述各原告及已死亡的戊原的居住地等沿线道路地域产生影响)来看,关于①原告乙山松夫居住地附近的国道4号线及都道新荒川堤防线;②已死亡的戊原居住地附近的国道6号线及都道千住小松川葛西冲线;③原告戊田梅子的居住地附近的都道音羽池袋线及首都高速道路5号线;④原告丁原花子的居住地附近的国道254号线及都道白山祝田町线,均可以认定,在各自的居住地附近,两条道路的供用关联瑕疵具有一体性,存在客观关联共同性,应评价为'共同行为'"。

3. 关于视角3、视角4,由于在本案中,民法第719条第1款后段的适用没有被作为问题,因此,判决并未论及相关问题。

4. 关于视角5

(1)关于原告与被告的连接点,根据前述2中就4名原告所认定的事实可以明白,就上述各原告均存在以下情况:以两道路为烟源的汽车所排气体浑然成为一个整体,对原告居住地等沿线道路地域产生影响[到达的因果关系(侵权行为)],上述各原告均暴露于该汽车所排出气体之中,并因此导致健康损害(支气管哮喘症状)的出现或恶化(个别因果关系)。这些方面均应由原告提出主张和举证。

(2)那么,大气污染与疾病之间的因果关系如何呢?最后对这一点予以确认。本判决也将此区分为"一般因果关系"与"个别因果关系"进行论述。相关要点如下。首先,关于前者(一般因果关系),在"本案道路沿线地域的大气污染与本案各疾病的发病、病情恶化之间的因果关系"之中,关于"道路沿线地域的大气污染与支气管哮喘的发病、病情恶化之间的因果关系",作为"本案诉讼上因果关系的证明",判决作出了如下阐述。"诉讼上的因果关系的举证,并非不允许任何疑义的自然科学上的证明,而是根据经验法则综合探讨全部证据,证明特定事实具有引发特定结果的高度盖然性。对于汽车排出气体与本案各疾病的发病、病情恶化之间是否具有因果关系存在争论的本案而言,关于因果关系的举证,即使从目前的医学知识来看,无法确切地判明暴露于汽车排出气体中的特定物质而导致本案各疾病的发病机理,但由此直接得出因果关系没有被证明的结论是不妥当的,综合考虑作为证据所提出的各种流行病学知识、动物实验等所获得的知识、目前有关该疾病的医学知识、主张罹患本案各疾病和病情恶化的本案患者暴露于汽车排出气体的状况、罹患疾病的状况等相关证据,可以认为,如果能够对由于暴露于汽车排出气体而导致暴露者罹患该疾病和病情恶化的事实关系的高度盖然性予以证明,就可以认定因果关系已得到证明。

基于这一观点来看本案的话,如果综合考虑前述所认定的有关道路沿线的流行病学调查的千叶大调查的结果、支气管哮喘的相关医学知识以及动物实验的结果等因素的话,可以认为,无论是成人还是儿童,当处于与居住于作为千叶大调查的调查对象的干线道路沿线的儿童所相同的汽车尾气暴露状况时,都有相当高的概率由于遭受汽车尾气的暴露而可能罹患支气管哮喘或出现病情恶化。以此事实为前提,关于支气管哮喘,当原告们就本案各位患者已经证明：①罹患支气管哮喘；②本案患者居住或工作于干线道路沿线（以下称为"居住等"），处于与居住于千叶大调查中的干线道路沿线的儿童所相同的汽车尾气暴露状况；③本案患者的支气管的发病和病情恶化的时期与其在该干线道路沿线进行居住等的时期相重合或紧接在居住等的时期以后，则应理解为在事实上可以推定存在前述高度盖然性。在这种情况下，当被告能够证明：④支气管哮喘的发病与病情恶化是因为汽车排出气体以外的原因这一特殊情况时，可以推翻前述事实推定，但是，当被告对该特殊情况没有证明的场合，则可以推定以该干线道路为烟源的汽车排出气体与支气管哮喘的发病和病情恶化之间存在因果关系"。

其次，关于后者（个别因果关系），作为"本案各道路沿线地域的大气污染与本案各患者疾病的发病和病情恶化的个别因果关系"，判决对"个别因果关系的判断基准"作出了如下陈述，即，"如前所述，关于本案各疾病之中的支气管哮喘，当原告们对本案各患者已经证明：①罹患支气管哮喘；②本案患者居住于干线道路沿线，处于与居住于千叶大调查中的干线道路沿线的儿童所相同的汽车尾气暴露状况；③本案患者的支气管哮喘的发病、病情恶化的时期与其在该干线道路沿线进行居住等的时期相重合或紧接在居住等的时期以后，则应理解为，在事实上可以推定，因暴露于以该干线道路为烟源的汽车排出气体而导致本案患者罹患支气管哮喘和病情恶化的事实关系具有高度盖然性。在这种场合，当被告能够证明：④本案患者的支气管哮喘的发病与病情恶化是因为汽车排出气体以外的原因这一特殊情况时，可以推翻前述事实推定，但当被告对该特殊情况没有证明时，则可以推定以该干线道路为烟源的汽车排出气体与支气管哮喘的发病和病情恶化之间存在因果关系。而且，关于前述第②点（暴露状况），应该将①是否在干线道路的沿线地域（距道路约50米的范围内）进行居住等；②该干线道路白天12小时的汽车交通量（在认定存在复数道路的影响的场合为复数道路的汽车交通量的总计）在本案患者的居住地附近，是否至少超过了四万台并且大型车的混入率也相当高等，即是否属于与千叶大调查的城市干线道路的汽车交通量等状况相同的道路（换言之，是否属于能够肯定汽车排出气体与支气管哮喘的发病和病情恶化之间的因果关系这一程度的、具有大量的汽车交通量的干线道路)作为主要基准,并且考虑,③该干线道路沿线地域的二氧化氮浓度和浮游颗粒物浓度,与千叶大调查中城市部分的调查地区的自排局的二氧化氮浓度和浮游颗粒物相比,是否处于可相提并论的情况,来探讨前述的问题。同时,在本案患者中,关于提出罹患慢性支气管炎和肺气肿主张的患者,由于不存在足够认定汽车排出气体与这类疾病的发病和病情恶化之间存在因果关系的证据,因此,不得不否认该因果关系。以下,基于这种观点和判断基准,对本案各患者的个别因果关系的有无进行判断。"(以下略)

第二节 民法第719条在药害诉讼中的解释论

一、前言

在分析民法第719条在药害诉讼中的解释论时,首先必须考虑以下这一点。即,在药害诉讼中,与此前所分析的公害诉讼的情形不同,除了福岛大腿股四头肌短缩症诉讼判决(该判决将民法第719条第1款后段的适用作为问题,并且肯定了该条文的适用),以及东京氯喹诉讼第一审判决及其控诉审判决以外,药害诉讼的判决均为斯蒙病①判决,并且药害诉讼的判决集中出现在1978年3月到次年的1979年8月,也就是大约1年半的时间内。众所周知,在药害诉讼中的主要问题是,制药公司相互之间或者制药公

---

① 斯蒙病(Subacute Myelo-Optico-Neuropathy,简称"SMON"),指亚急性脊髓、视神经、末梢神经障碍,是日本20世纪50—70年代多发的一种神经障碍,典型症状表现为下肢痉挛性麻痹及深感觉障碍所导致的行走失调、异常的冷痛感等,有两到三成会出现视觉障碍,也存在失明的例子。后经调查发现,该病的发病原因为患者所服用的一种肠胃药——奎诺仿。随着奎诺仿被禁止销售,斯蒙病的发病率也逐渐降低,直至不再出现新的病患。斯蒙病作为严重的药害事件,在日本引发了大量的损害赔偿诉讼。——译者

司与国家是否应承担连带责任。或许与这些情况有关,药害诉讼的一系列判决,并未详细涉及作为本书主要着眼点之一的民法第719条第1款前段与后段的一般性定义(解释论)。判决书也只是讲到"作为民法第719条第1款所规定的共同侵权行为人而承担连带责任"。所以此处对于判决的分析,不像公害诉讼那样按照视角1—视角5进行逐一分析,而是主要通过视角2与视角4加以考虑。也就是说,这里想预先说明的是,将具体按照以下顺序进行分析:将制药公司相互之间的责任关系、制药公司与国家之间的责任关系作为主线,并考虑这种情形下各判决是如何考虑视角1与视角3,从而对共同侵权行为采取哪一种法律构造,最后再考虑视角5。

以下12个判决将作为分析的对象(引用时将采用各括号内的名称)。

① 金沢地判昭和53年3月1日判例时报879号26页(金泽斯蒙病诉讼判决)

② 东京地判昭和53年8月3日判例时报899号48页(东京斯蒙病诉讼判决)

③ 福冈地判昭和53年11月14日判例时报910号33页(福冈斯蒙病诉讼判决)

④ 广岛地判昭和54年2月22日判例时报920号19页(广岛斯蒙病诉讼判决)

⑤ 札幌地判昭和54年5月10日判例时报950号53页(札幌斯蒙病诉讼判决)

⑥ 京都地判昭和54年7月2日判例时报950号87页(京都斯蒙病诉讼判决)

⑦ 静冈地判昭和54年7月19日判例时报950号199页(静冈斯蒙病诉讼判决)

⑧ 大阪地判昭和54年7月31日判例时报950号241页(大阪斯蒙病诉讼判决)

⑨ 前桥地判昭和54年8月21日判例时报950号305页(群马斯蒙病诉讼判决)

⑩ 福岛地裁白河支部判昭和58年3月30日判例时报1075号28页（福岛大腿股四头肌短缩症诉讼判决）

⑪ 东京地判昭和57年2月1日判例时报1044号19页（东京氯喹诉讼第一审判决）

⑫ 东京高判昭和63年3月11日判例时报1271号3页（东京氯喹诉讼控诉审判决）

二、制剂的各种服用方法

在按照第一部分所描述的分析方法进行具体分析以前，预先指出下面这一点是有益处的。也就是说，在斯蒙病诉讼以及氯喹诉讼中，制药公司相互之间以及制药公司与销售公司之间的责任关系，根据制剂的服用方法，主要可以分为以下四类。第一种情形是，服用由田边制药股份有限公司（以下简称"田边"）独立生产与销售的制剂。不过这种情况下，由田边独立承担责任，并不存在共同侵权行为这一问题。第二种情形是，服用由日本汽巴-嘉基（Ciba-Geigy）股份有限公司（以下简称"汽巴"）生产或进口并由武田药品股份有限公司（以下简称"武田"）销售的制剂（简称第Ⅰ类型。以下依次进行编号。）。第三种情形是，服用田边以及汽巴、武田这两个系列的制药公司、销售公司所生产、销售的制剂（第Ⅱ类型）。最后一种情形是，服用哪家的制剂而罹患斯蒙病这一点并不明确（第Ⅲ类型）。

三、第Ⅰ类型——汽巴与武田之间的共同侵权行为

1. 被认定为共同侵权行为的诸判决

（1）金泽斯蒙病诉讼判决

该判决讲到，"正如在前述被告公司的责任部分所认定的那样，被告武田同被告日本汽巴之间，就被告日本汽巴的母公司瑞士汽巴公司的产品，签订了包销合同，上述认定部分所涉及的以上两家被告公司的行为，对于本次受害的发生而言，可以评价为不可分割的整体。所以，本案中以上两家被告公司的关系，应该说符合民法第719条所规定的共同侵权行为关系。至于

各自应当承担的部分,应该说,除了双方过失的比例以外,还取决于两家公司间的上述包销合同的宗旨,但如果没有特别的约定,可以理解为,本案中的过失比例应该是对等的"。

(2)札幌斯蒙病诉讼判决

该判决讲到,"关于被告汽巴与被告武田的责任关系,可作如下阐述。也就是说,考虑到上述1(二)所认定的两被告的关系,对于服用了附件《喹诺仿制剂一览表》第9到第15项所列喹诺仿制剂而罹患斯蒙病或者加重该病病情的原告患者,可以说两被告达到了可以等同视之的程度,从而作为一个整体而居于生产销售者的地位,所以作为民法第719条所规定的共同侵权行为人而连带承担损害赔偿责任"。

(3)京都斯蒙病诉讼判决

该判决讲到,"医药品的销售商与医药品的生产商或进口商不同,其目的在于将已经生产出来的产品置于流通中,从药事法将生产商或进口商与销售商进行区别对待等方面来看,确如被告武田所主张的那样,由于其不属于第一环节的供应商,所以就产品的性质以及安全性的确认,并不负有与生产商或进口商相同的注意义务。"但是,"被告武田""与一般的中间商不同,其与被告汽巴关系紧密,可以说同汽巴作为一个整体而从事喹诺仿的供应,所以,尽管被告武田所参与的大部分角色为销售商,但在该等情况下,可以说与生产商或进口商负有同样的注意义务。因此可以说,当被告武田怠于履行该义务时,不能免于承担侵权行为责任。像这样,尽管将被告武田与被告汽巴一起作为责任人,对外视为连带债务人,但赔偿金额不会因此而增加为原来的两倍,所以上述各被告内部相互之间各自负担的部分,由当事人之间进行处理即可。"因此,"被告武田""作为被告汽巴的共同侵权行为人而负有损害赔偿义务"。

(4)静冈斯蒙病诉讼判决

该判决讲到,"关于生产、进口本案中喹诺仿制剂的被告汽巴,与销售该等喹诺仿制剂的被告武田的责任关系,对于因服用该等喹诺仿制剂而罹患斯蒙病或者病情加重的原告患者而言,如前所述,可以说以上两被告达到了可以等同视之的程度，从而作为一个整体而居于生产销售者的地位，所以两被告作为共同侵权行为人而连带承担损害赔偿责任"。

（5）群马斯蒙病判决

该判决也讲到，"根据以上认定的事实，被告武田基于同被告汽巴之间的紧密合作，从某种意义上说，两者已经成为一个整体，并通过实施促销活动等，以独家经销商的身份，销售由被告汽巴生产的喹诺仿制剂，属于将医药品作为商品而大量投入流通过程的源头，在这一点上，被告武田的地位与医药品的生产者之间并无差别。因此，应当理解为，被告武田在销售上述喹诺仿制剂时，应当负有与医药品生产商所相同的注意义务，亦即，应以科学上的最高水准进行调查研究，以确保安全性。并且，该等注意义务的具体内容与已经阐述的医药品生产商的注意义务也是相同的"。以此为前提，判决认为，"各被告公司怠于履行确认医药品安全性这一注意义务，所以存在过失，负有对各原告因为斯蒙病而遭受的损害进行赔偿的侵权行为责任。就 Entero-Vioform 以及 Mekisahorumu① 而言，被告汽巴与被告武田的关系正如之前所认定的那样，被告汽巴作为生产者，被告武田作为销售者，均负有责任。所以两者作为民法第 719 条第 1 款所规定的共同侵权行为人，连带承担损害赔偿责任"。

（6）东京氯喹诉讼第一审判决

该判决对于相当于斯蒙病诉讼中汽巴与武田之间关系的、吉富与武田之间以及住友与稻畑之间的责任关系讲到，"被告吉富就其进口或制造的 Rezohin 以及 Erestall，由于以上所说明的过失，在没有将癫痫、肾病排除在适应症之外，或者没有对角膜病这一副作用进行充分、妥当的警告的情况下，将其销售给了被告武田，被告武田也同样因为过失，在没有采取上述各项措施的情况下在国内进行了独家销售，进而造成原告等患者中服用了 Rezohin 等的人，罹患了角膜病，因此上述两公司的过失行为，明显属于共

---

① 以上两者皆为含有喹诺仿成分的制剂的商品名称。——译者

同侵权行为。制造キニロン①的被告住友与在国内对其进行独家销售的被告稻畑之间的责任关系,也同样如此"。

(7) 东京氯喹诉讼控诉审判决

该判决的内容,与第一审判决基本相同。即,"作为医药品生产商或进口商的责任以及总经销商的责任","被告吉富因为上述过失,就其进口或制造的 Rezohin 以及 Erestall,在没有对服用该等药品治疗红斑狼疮、风湿性关节炎、肾炎等肾病以及癫痫时的副作用采取充分彻底的警告、指示等措施的情况下,将其销售给武田;被告武田也同样因为过失,在没有采取上述各项措施的情况下在国内进行了独家销售,进而造成原告患者中服用了 Rezohin 以及 Erestall 的人,罹患了角膜病,因此上述两公司的过失行为,明显属于共同侵权行为。制造キニロン的被告住友同在国内对其进行独家销售的被告稻畑之间的责任关系,也同样如此。"

2. 被认定为单独侵权行为之竞合的诸判决

与此相对,以下各判决虽然同样以一体性为根据,但被认为将武田的责任理解为了民法第 709 条规定的侵权行为责任。

(1) 东京斯蒙病诉讼判决

关于武田的责任,该判决认为,"从用药的时期来看,可以认为服用的几乎都是由被告汽巴制造并由被告武田销售的该等药品。因此,就本案的原告而言,被告武田要被追究作为销售者的责任,另外鉴于上述认定结果(参照第一),被告武田不是像所谓街头药店那样纯粹的中间销售商,而应与本案中喹诺仿制剂的生产商即被告汽巴负有同样的注意义务,因此,应就由于怠于履行该等义务而给原告造成的损害承担赔偿责任",生产商与销售商之间的责任轻重问题,"仅仅是内部关系问题,对于遭受损害的对方(本案原告)而言,应该说,生产商与销售商两者,负有连带赔偿其损害的义务"。

(2) 福冈斯蒙病诉讼判决

该判决讲到,"如下述损害各论所认定的那样,原告患者中,有人因服用

---

① 一种氯喹制剂。——译者

Entero-Vioform 而罹患斯蒙病,(或者/并且)引起该病情复发或加剧,不过这一点是与被告武田的生产许可申请有关,还是与被告汽巴的生产及进口许可有关,从证据上来看还不够明确。但被告武田主张,其自身没有生产记载于附件(二)喹诺仿制剂生产许可等一览表(2)中的喹诺仿制剂,而是作为销售商销售了被告汽巴生产或进口的喹诺仿制剂,或者只是于 1953 年 8 月到 1961 年 4 月期间,从被告汽巴那里得到喹诺仿原料粉末后将其加工(打锭、分装)成制剂,另外从辩论的全部宗旨来看,被告汽巴对于上述主张也采取了默认的态度。上述事实,连同下述损害各论所认定的服用 Entero-Vioform 的原告患者的服用时期,能够推定这一 Entero-Vioform 就是被告汽巴所生产或进口的喹诺仿制剂。那么,考虑到前述第五章第三之二所认定的被告汽巴与被告武田的关系,对于原告患者中服用记载于附件(二)(1)的喹诺仿制剂(包括前述 Entero-Vioform)而罹患斯蒙病的人而言,作为生产商与进口商的被告汽巴,以及作为销售商的被告武田,实际上可以视为同一个整体,因此两被告均连带地承担民法第 709 条规定的责任。"

(3)广岛斯蒙病诉讼判决

该判决讲到,"依据上述事实来考虑的话,对照上述各种情况(例如,就包括本案中的喹诺仿制剂在内的被告汽巴的制剂而言,被告武田基于同被告汽巴之间的上述合同,在同被告汽巴的紧密关系下,居于独家经销商的地位;单就喹诺仿制剂而言,被告武田在专门从事销售业务以前,其自身也曾生产过喹诺仿;被告武田是兼具医药品生产业务的、我国屈指可数的制药企业)可以看出,被告武田就本案中喹诺仿制剂的销售而言,不仅仅是纯粹的中间商,而是喹诺仿制剂本来的生产商,不过因为上述偶然状况而只是正在从事销售业务,以该等实质、规模、样态及情况从事销售者,应该说可以与生产商等同视之并负有与生产商同等的注意义务。"以此为前提,该判决认为,"各家被告制药公司,在生产销售本案中的喹诺仿制剂时,对于作为医药品的危险具有预见可能性却未能预见,怠于履行确保其安全性的注意义务,因此导致本案原告遭受斯蒙病这一损害,应当说,作为过失侵权行为,应该依据民法第 709 条而对原告承担赔偿其损害的责任。"

四、第Ⅱ类型——田边、汽巴、武田的责任关系

1. 认定为共同侵权行为的诸判决

(1) 金泽斯蒙病诉讼判决

该判决讲到,"在本案中,如上述所认定的,原告保里良子以及已经死亡的宫川清作等,摄入了由被告田边销售的喹诺仿制剂,以及由被告日本汽巴生产或进口并由被告武田销售的喹诺仿制剂。另外,如上述因果关系认定部分所述,在起因于喹诺仿的斯蒙病中,投入的喹诺仿总量与症状的程度之间,可以得出存在正向 D·R·R 关系①的结果;另外各种症状的恶化、复发,据说也与神经症状发病后的喹诺仿摄入存在相关关系。从这些关系来看,可以认为,起因于喹诺仿的斯蒙病,并非摄入一次喹诺仿就会发病、之后的摄入与斯蒙病症状不存在关系这样的一次性完成的发病过程,而是随着喹诺仿的毒性在人体内的累积而发病,而且随着毒性的进一步累积而加重其症状这样一种持续性过程。因此,生产商并不相同的上述数种喹诺仿制剂,均与上述原告出现本案中的斯蒙病症状或症状加重之间存在因果关系。至于何种制剂对于症状中的哪一部分具有何种程度的影响,从本案的证据上来看不甚明确,但是上述数种制剂的摄入,可以视为就斯蒙病缺陷而言具有客观上的共同关系,所以上述数种制剂的生产商、销售商,作为加害人不明的共同侵权行为人,必须连带承担赔偿责任。另外,由于上述关系不甚明确,所以应当理解为,内部的负担关系是平等的"。

(2) 福冈斯蒙病诉讼判决

该判决讲到,"如后述损害各论所认定的,被告患者中存在以下几种情况:服用由被告汽巴制造或进口、由被告武田销售的、记载于附件(二)(1)的喹喏仿药剂而罹患斯蒙病,又进一步服用由被告田边制造并销售、记载于附件(二)(3)的喹喏仿药剂,而导致斯蒙病复发或症状加重者;或者与此相反,

---

① 即"量效关系",英文表述为"dose-response relationship",是指药物效应随剂量增加而加强。——译者

因服用记载于上述(3)的喹喏仿药剂而罹患斯蒙病,又进一步服用记载于上述(1)的喹诺仿制剂,而导致斯蒙病复发或症状加重者;或者,服用记载于上述(1)以及(3)的喹喏仿药剂而罹患斯蒙病或者导致斯蒙病复发或症状加重者。在这些情况下,可以说上述原告患者现今的斯蒙病症状,是由于记载于上述(1)以及(3)的喹诺仿制剂的共同作用而造成了当今损害的全貌,因此被告汽巴与武田以及被告田边,相互之间作为民法第719条第1款所规定的共同侵权行为人,应当连带赔偿后述损害。"

(3) 札幌斯蒙病诉讼判决

该判决讲到,"对于服用了被告田边于该表1—8中的喹诺仿制剂,以及被告汽巴及武田于该表9—15中的喹诺仿制剂这两类制剂,而导致罹患斯蒙病或出现症状加重的原告患者,或者因为上述中的一类喹诺仿制剂而罹患斯蒙病,又因为另一类喹诺仿制剂而出现症状加重的原告患者,在上述任一情况下,都可以说,原告患者的最终损害,是由于上述两类喹诺仿制剂的共同作用而导致的,因此,被告田边以及被告汽巴与武田,作为民法第719条第1款所规定的共同侵权行为人,连带承担损害赔偿责任。"

(4) 京都斯蒙病诉讼判决

该判决讲到,"对于原告当中服用了被告汽巴与武田的产品以及被告田边的产品而出现症状者,该等各被告之间成立民法第719条第1款上的共同侵权行为"。

(5) 静冈斯蒙病诉讼判决

该判决讲到,"对于服用了被告汽巴与武田制造、进口、销售的本案中的喹诺仿制剂,与被告田边制造、销售的本案中的喹诺仿制剂这两类制剂,而导致罹患斯蒙病或出现症状加重的原告,可以说,其最终损害是由于上述两类制剂的共同作用而导致的,因此应理解为,被告汽巴与武田以及被告田边,作为共同侵权行为人,连带承担损害赔偿责任。"

2. 认定为单独侵权行为之竞合的诸判决

与上述判决相对,还存在以下判决。

(1) 东京斯蒙病诉讼判决

本判决就作为销售者的武田的责任,论述如下。"如上,即使就喹诺仿制剂而言,被告武田也不仅仅是单纯的销售者,很明显,曾经有一段时期,其自身就是生产商,但就本案原告中摄入了 Entero-Vioform 的人而言,从其用药时期来看,几乎所有人服用的都是由被告汽巴制造并由被告武田销售的该等制剂。因此,就本案原告而言,应追究被告武田作为销售者的责任,但鉴于上述认定结果(参照第一),被告武田不是像所谓街头药店那样的单纯的中间销售商,而应与本案中喹诺仿制剂的生产商即被告汽巴负有同样的注意义务,因此必须说,应就由于怠于履行该等义务而给原告造成的损害承担赔偿责任。但是,即使像本案这样对销售者认定责任的情形,生产商的责任与销售商的责任终究不可同日而语,不过这一点仅仅是内部关系问题,就遭受损害的对方(本案原告)而言,必须要说,生产商与销售商两者,负有连带赔偿其损害的义务"。

(2)广岛斯蒙病诉讼判决

该判决讲到,"各家被告制药公司,在生产销售本案中的喹诺仿制剂时,对于作为医药品的危险具有预见可能性却未能预见,怠于履行确保其安全性的注意义务,因此导致本案原告遭受斯蒙病方面的损害,作为过失侵权行为,依据民法第 709 条,应当对原告承担损害赔偿责任。"

(3)大阪斯蒙病诉讼判决

该判决讲到,"被告武田在同被告汽巴的紧密关系下,作为我国最大的制药企业,通过其销售网络,将被告汽巴所制造的喹诺仿制剂,以自家公司的名义加以标识后,进行独家销售,因此就被告汽巴所制造的喹诺仿制剂而言,被告武田不仅仅是单纯的中间流通商,而实际上与被告汽巴属于一个整体,应该说具有可与生产商等同视之的地位。据此,就被告汽巴所制造的喹诺仿制剂而言,被告武田负有与生产商同样的注意义务。"以此为前提,该判决认为,"综合上述,各被告公司在生产销售喹诺仿或喹诺仿制剂时,怠于履行所负担的安全确保注意义务,必须说是具有过失的。于是,如下文有关损害的章节所认定的,各原告或作为原告的被继承人的各个患者,为治疗阿米巴痢疾、肠病性肢端皮炎以外的疾患而接受了喹诺仿或喹诺仿制剂的用药,罹患了斯蒙病。因此,各被告公司对相关的各原告,难以免除基于侵权行为的损害赔偿责任。"

(4) 群马斯蒙病诉讼判决

该判决讲到,"各被告公司对于喹诺仿制剂会导致神经障碍的出现,没有进行合理的怀疑,抑或,即使进行了合理的怀疑,但在没有采取妥当的安全性确保措施(例如,作出'喹诺仿制剂的适应症仅限于阿米巴痢疾,作为其副作用,有可能出现神经障碍'的警告等)的情况下,从事喹诺仿制剂的生产与销售的行为,懈怠了上述安全确保注意义务,存在过失,各被告公司负有赔偿各原告因为斯蒙病所蒙受损害的侵权行为责任。"

五、第Ⅲ类型——无法明确因服用哪种产品而罹患斯蒙病的类型

1. 属于这一类型的判决例,当属东京氯喹诉讼第一审判决及其控诉审判决。第一审判决认为,"在原告等各位患者中,有的人同时或不同时地服用了不同生产销售公司的氯喹制剂,结果罹患了角膜症。""这些患者所各自服用的氯喹制剂的相关被告制药公司相互之间的责任关系,还是应当理解为共同侵权行为。理由在于,上述患者,系由于同时或不同时地服用了由于各被告制药公司的前述过失而未能采取本应采取措施的制剂而罹患了角膜症的人,并且,既然各被告制药公司生产销售的均为具有完全相同的适应症的药物——各种氯喹制剂,因此当然可以预见到有人会同时或不同时地服用其他公司所生产销售的氯喹制剂。"

2. 同样地,东京氯喹控诉审判决认为,"对于服用了被认为如果只是服用自己公司的制剂的话患上角膜症的盖然性比较低这一程度的少量制剂的各位原告患者而言,如果同时还服用了上述其他公司的该等制剂,结果罹患了角膜症的情况,对于仅仅生产、进口、销售了该等少量制剂的被告制药公司而言,仍然无法免除上述责任。"另外,就"服用数种制剂而引发的疾患与相关被告制药公司相互间责任的关系",该判决认为,"在原告患者中,有的人同时或不同时地服用了不同被告制药公司的制剂,也就是不同生产、进

口、销售公司的氯喹制剂,结果罹患了角膜症。这些患者所各自服用的氯喹制剂的相关被告制药公司相互之间的责任关系,还是应当理解为共同侵权行为,对于其结果,上述被告制药公司等,承担不真正连带责任。理由在于,上述患者,系由于同时或不同时地服用了由于各被告制药公司的前述过失而未能采取本应采取措施的制剂而罹患了角膜症的人,既然各被告制药公司生产销售的均为具有完全相同适应症的药物——各种氯喹制剂,因此当然可以预见到有人会同时或不同时地服用其他公司所生产销售的氯喹制剂。"由此看来,两个判决的内容几乎一样。

六、国家与制药公司之间的责任关系

1. 被认定为共同侵权行为的判决

被认定为共同侵权行为的判决是金泽斯蒙病诉讼判决。该判决就这一点较为详细地论证了:民法第719条第1款前段所规定的共同侵权行为责任是成立的。亦即,"如前所述,作为被告人的国家,依据国家赔偿法第1条,作为被告人的各家公司,依据民法第709条,而负有赔偿原告上述损害的责任,两者具有共同侵权行为关系。亦即,要成立民法第719条前段的共同侵权行为,各人与结果的发生之间要存在因果关系,加害人之间要具有客观上的关联共同性,并且要由共同行为而导致结果的发生,在上述因果关系中,即使各人的行为无法单独造成结果,但如果能够认定该等行为与其他人的行为相结合导致了结果,并且如果没有该等行为,则结果很有可能不会发生,就足够了。当然,在这种情况下,两者之间要有关联共同性,并且对于自身行为与其他行为的结合要具有故意或预见可能性,而在本案中,关于出现问题的喹诺仿,认为存在以下关系:喹诺仿是由作为被告人的国家,基于作为被告人的各家公司的申请,对其制造以及进口予以了许可与承认,而由作为被告人的各家公司进行制造、进口、销售,从而将其置于流通的。因此,作为被告人的国家对于制造及进口的许可与承认行为,以及作为被告人的各家公司的制造、进口及销售行为,对于本案中损害的发生都是不可缺少的,从这层意义上,可以认为这些行为是密不可分的,能够将其评价为整体上的行为。由于上述情况,作为被告人的国家,以及作为被告人的各家公司,根据民法第719条以及国家赔偿法第4条,作为共同侵权行为人,而应该各自连带地承担其赔偿责任。如上,由于共同侵权行为而导致的不真正连带债务的债务人相互之间的负担部分,决定于两者的过失比例,本案当中作为被告人的国家与作为被告人的各家公司之间的过失比例,通过对已经论述的注意义务的根据及其内容以及怠于履行注意义务的形态进行对比以及综合判断,可以认为国家与公司之间的过失比例为4:6。"

2. 认定为单独侵权行为之竞合的判决例

(1) 东京斯蒙病诉讼判决

该判决中提出了"国家责任的性质及范围"这一问题。首先,关于"性质及限度",作出了如下判断。"厚生大臣对于医药品的制造等的承认或取消的权限,与行政部门对于其他许可、认可的规制权限一样,不外乎一种行政上的监督权,因此,由于医药品内在的缺陷而对服用者造成损害时,由此而引发的损害赔偿义务的全部,当然应归责于制造(进口)人,在一定情况下,销售者与其承担共同责任的情况暂且不论,应当行使规制权限的行政部门(作为其权利义务归属的法律主体的国家或地方公共团体),与上述经营者不具有共同侵权行为人的关系。但是,行政部门对上述权限的行使或不行使被认为违法时,其与经营者具有共同的损害赔偿对象,从这一点来看,作为加害行为人的经营者与作为规制权主体的行政部门(国家或地方公共团体)的债务,只是具有不真正连带关系。就医药品制造的承认而言,厚生大臣所设定的承认基准,本来就不可能构成判定该等医药品有无内在缺陷的私法上的标准,因此,厚生大臣对于制造的承认当然不构成制药公司行为的免罪符,无论行政部门有怎样的参与,制药公司当然应该自负责任。必须铭记的是,如果制药公司不存在这种认识,则仍然无法防止今后的药害。被告田边认为,'制造药典药品的制药商,对于安全性的调查研究义务应被免除或大幅减轻','作为制药商的被告田边,是依赖于国家的保证而制造、销售喹诺仿制剂的,作为被告田边来讲,没有理由承担责任',但如上所述,应该说,这是不了解与人的生命及健康息息相关的医药品制造者的责任。总之,因为医药品的内在瑕疵而产生损害时,生产商(进口商)应该承担全部义务,而在本案中,基准时间(1967 年 11 月 1 日)以后,厚生大臣存在不行使规制权限这一违法行为,因此,考虑行政监督责任的性质,以及其他各项因素,应该说,在作为加害行为人的被告公司所承担的全部义务的三分之一的范围内,作为被告的国家承担与之具有不真正连带关系的损害赔偿义务是合适的"。

其次,关于"基准时间以前的喹诺仿服用者",该判决作出了以下判断。"对于服用基准时间以后所制造、销售的喹诺仿制剂而罹患斯蒙病的人,如上所述,可以在其所受损害三分之一的限度内,请求国家赔偿,另外,即使在基准时间以前罹患了斯蒙病,但如果因为服用基准时间以后所制造、销售的喹诺仿制剂而出现斯蒙病症状上决定性的恶化,则同样可以请求国家进行如上所述的赔偿。与此相对,对于基准时间以前罹患斯蒙病的人当中,不属于上述例外的人,结论是:无法请求国家赔偿其所受损害。但是,如上所述,即使在基准时间以前,厚生大臣作出的许可与承认也明显具有重大的行政责任。根据国家自身的调查,我国的斯蒙病患者多达 11 000 人,关于这一点,无论实定法规的形式是怎样的,对照'公共卫生的提升及增进'(厚生省设置法第 4 条第 1 款)这一目的来看,毋宁说可以视为事关厚生省存在理由的事态。另外,在基准时间以前发病的斯蒙病患者(喹诺仿受害人),与基准时间以后的发病者相比,忍受了更长时间的病患,因此救济前者的必要性更甚而非劣后。在本案的口头辩论结束以前,在 1977 年 6 月 28 日,被告国家主动表明'没有民事责任',但却事先做出了愿意接受法院提出的和解方案的意思表示。应该说,其主旨正在于承认上述行政责任的重大性以及救济患者的必要性。"

(2)福冈斯蒙病诉讼判决

该判决讲到,"如后述损害各论所认定的,本案中的各位原告患者均由于服用喹诺仿制剂而罹患了斯蒙病,或者(或并且)引起了斯蒙病的复发或加重,如前所述,对于使得服用喹诺仿制剂成为可能的、作为被告的国家,基于国家赔偿法第 1 条第 1 款,负有赔偿因侵权行为所引起的损害的义务。

另外,关于作为被告的国家与被告公司的责任关系,由于是基于两者各自的过失,因此关于归责的法律性质,如前述第四章至第六章所详细阐述的,两者不甚相同。但因为损害的范围完全相同,因此可以说其关系为负有不真正连带债务。因此,作为被告的国家对于该等原告应承担责任,应与被告汽巴、被告武田,或与被告田边,抑或与上述三家被告公司连带地赔偿后述损害;另外自不必说,在所服用的喹诺仿制剂(的商品名)无法特定进而无法追究制药公司的责任时,必须由作为被告的国家单独赔偿后述损害。"

(3) 广岛斯蒙病诉讼判决

该判决讲到,"厚生大臣对医药品制造等的许可与承认、对公定书的发布等权限,是为了利用医药品的国民,对制药公司生产销售医药品的行为进行行政监督方面的规制而被赋予的,因此,国家对起因于医药品的受害承担损害赔偿责任,是由于违反了就上述规制权限的行使所承担的安全确保义务,而不是由于对作为直接加害人的制药公司的生产销售行为进行了帮助。因此,国家与制药公司之间,就医药品引发的损害而言,不存在共同侵权行为人的关系,只是作为赔偿责任对象的损害,偶然间具有了同一性,因此两者的损害赔偿义务,只能理解为具有不真正连带关系。"

(4) 札幌斯蒙病诉讼判决

该判决在"关于被告国家的责任的结论"部分讲到,"综合上述情况进行判断,厚生大臣由于在 1960 年末的当时未行使规制权限,并且,此后收录了喹诺仿(制剂)的公定书、对其生产或进口进行了许可与承认,上述均被认为属于怠于履行为确保喹诺仿制剂的安全性所负担的注意义务的行为,存在过失,进而认定厚生大臣的上述不作为及作为是违法的。因此,作为被告的国家,对起因于厚生大臣的上述违法行为而产生的各位原告患者的本次斯蒙病损害,负有国家赔偿法上的责任。另外,关于同前款所认定的各被告公司的责任之间的关系,对于可以特定被告公司的原告来说,由于该等被告公司及被告国家各自的侵权行为所各自产生的损害具有完全相同的范围,因此,两者对原告所承担的损害赔偿债务,应该说具有不真正连带债务的关系。于是,作为被告的国家,对于上述原告负有与该等被告公司连带地赔偿损害的责任,对于无法特定被告公司的其余原告,则单独承担赔偿责任。"

(5) 京都斯蒙病诉讼判决

该判决讲到,"本法院认为作为被告的国家具有过失,肯定其责任,但另一方面的事实是,我国属于自由经济社会,尊重一般国民与企业在自主创造方面的努力,国家的规制应尽可能少(可以说药事法第79条正是出于这一考虑),各被告制药公司为了创造自身企业的利益,而销售喹诺仿制剂产品,结果产生了众多受害人,因此损害赔偿的第一责任人,归根结底应该是企业而非作为被告的国家。对于各制药公司将作为被告的国家列为加害人,应该保持慎重。于是,我们理解,就受害人而言,尽管作为被告的国家与作为被告的制药公司一样,存在承担全部义务的不真正连带关系,但从内部关系来看,第一加害人为制药企业,作为被告的国家,应当将其责任视为类似于民法第715条的雇主责任或连带保证责任。尽管不存在进行这一判断的明文根据,但我们理解,民法第715条的宗旨为,虽然直接加害人是直接行为人,但鉴于仅靠这一点对于受害人保护仍有欠缺,并且企业正是由于雇用了劳动者,依靠劳动者的行为才得以存在,因此对于受害人而言,使其与加害人承担不真正连带责任,这一宗旨可以类推适用于本案的情况。尽管作为被告的国家存在过失,但这一过失的程度不应该与作为该等医药品的生产销售商的被告制药公司等同视之。另外,尽管在缺少合同的情况下会欠缺连带保证责任的发生根据,但正如上述,可以说作为被告的国家的责任的性质,类似于对作为主债务人的企业的连带保证责任人的责任。"

(6) 静冈斯蒙病诉讼判决

该判决同样讲到,"厚生大臣对医药品制造等的许可与承认、对公定书的发布等权限,是为了利用医药品的国民,对各被告公司生产销售医药品的行为进行行政监督方面的规制而被赋予的,因此,国家对起因于医药品的受害承担损害赔偿责任,是由于违反了就上述规制权限的行使所承担的安全确保义务,而不是由于对作为直接加害人的制药公司的生产销售行为进行了帮助。因此,国家与制药公司之间,就医药品引发的损害而言,不存在共同侵权行为人的关系,只是作为赔偿责任对象的损害,偶然间具有了同一性,因此两者的损害赔偿义务,只能理解为具有不真正连带关系。"

(7) 大阪斯蒙病诉讼判决

该判决讲到,"综合上述情况进行判断,应该说,厚生大臣怠于履行为确保喹诺仿或喹诺仿制剂的安全性所负担的注意义务,存在过失。或者说,厚生大臣的行为(包括不作为)是违法的职务行为。于是,各位原告或作为原告的被继承人的各位患者,由于上述违法的职务行为而罹患了斯蒙病,因此国家负有基于国家赔偿法第 1 条第 1 款进行损害赔偿的责任。"

(8) 前桥斯蒙病诉讼判决

关于"国家赔偿责任的成立",该判决得出了以下结论。"换言之,作为被告的国家,对于各原告因为斯蒙病而遭受的损害负有国家赔偿责任。另外,对于除中里直次原告以外的各位原告而言,各被告公司存在损害赔偿责任,同时作为被告的国家也承担国家赔偿责任,但两者是分别成立的。只是,由于两者的损害赔偿范围是一样的,因此各被告公司与作为被告的国家,对于上述各位原告承担不真正连带责任。"

(9) 东京氯喹诉讼第一审判决

该判决讲到,"确保医药品安全性的义务,本来应该是生产或进口该等医药品并予以销售者所首要同时也是最终承担的义务。对于违反该等义务而遭受损害的受害人,上述经营者自始至终负有全面赔偿损害的义务。厚生大臣不行使监督权限的行为,如果被评价为违法的义务违反,则对于因此而遭受损害的人而言,国家也承担赔偿该等损害的责任,但是,厚生大臣并没有直接参与经营者的生产(进口)销售等行为本身,并且上述权限的发动,如前所述,仅在例外情况下才是需要的:对于经营者不履行安全性确保义务以及由此所造成的危险状态,有必要予以补充性的改正以消除该等危险。因此,被告制药公司伴随有义务违反的生产(进口)销售行为与厚生大臣不行使权限的行为之间,不能认为存在共同帮助关系,因此,不应将作为被告的国家与被告制药公司之间的关系理解为共同侵权行为。但是,作为直接加害人的被告制药公司的赔偿责任范围与作为被告的国家的赔偿责任范围,在不考虑金额的情况下,从结果来看是相同的,另外,厚生大臣发动规制权限在上述情况下才是需要的,由此看来,可以说作为被告的国家所承担的责任,具有为被告制药公司不履行债务所造成的损害进行担保的功能,因此两者的责任关系属于不真正连带债务关系。"

3. 东京氯喹诉讼控诉审判决

该判决以下述方式否定了国家责任本身。"不存在足够的证据证明以下事实:厚生大臣不仅认识到了角膜症的存在,而且放任其发生、没有实施作为。另外,如以上所判断的,由于很难说厚生大臣存在懈怠采取上述病症的避免措施等职务上的义务违反,因此不得不说也无法认定过失的存在。因此,作为被告的国家,对于各被告患者的角膜症疾患,并不承担国家赔偿法上的损害赔偿义务,各原告对作为被告的国家所提出的请求,无需再判断其他方面就可认为有失妥当。"(尽管原告请求国家承担责任而进行了上诉,但最高法院驳回了上诉,理由为,"厚生大臣在前述一 7 所记载的各项措施以外,并没有行使药事法上的权限以采取防止氯喹角膜症发生的措施,对照药事法的目的以及厚生大臣被赋予的权限的性质等来看,并不能认为该等行为超过了所容许的限度、明确欠缺合理性,无法适用国家赔偿法第 1 条第 1 款将其认定为违法","厚生大臣对氯喹制剂所采取的措施并不违反国家赔偿法第 1 条第 1 款这一原审的判断,可以得到肯定"。①)

七、福岛大腿股四头肌短缩症判决

1. 民法第 719 条第 1 款前段的一般性定义(视角 1)

该判决讲到,"各位原告首先主张,由于各被告公司制造、销售上述一所记载的本案中的各种肌肉注射剂的行为,构成了民法第 719 条第 1 款前段的共同侵权行为,很明显,上述注射剂中的某一部分,导致各位原告患儿出现了本案中的症状,因此各被告公司应连带承担损害赔偿责任",然后阐述了以下一般性定义。"民法第 719 条第 1 款前段规定的含义可以理解为,数人之间存在特殊的共同关系(关联共同性)时,如果处于该等共同范围内的

---

① 最判平成 7 年 6 月 23 日民集 49 卷 6 号 1600 页。

直接加害人的行为与损害之间具有因果关系,则即使各人的行为与损害之间没有事实性的因果关系,所有人仍承担连带赔偿全部损害(所谓不真正连带关系)的义务。这里的关联共同性是指,具有适合使其承担连带责任的紧密共同关系,数人进行共谋以后实施加害行为的情形,是其典型的例子。与废水或煤烟损害有关的数个企业形成联合企业,在资本、技术、生产、产业基础设施的利用等方面存在结合关系,通过相互利用彼此的企业活动来完成各自的企业活动的情形等,也可以说具有关联共同性"。

2. 视角2

在本案中,出现大腿股四头肌短缩症的三位原告,以共同侵权行为为依据,对制造、销售肌肉注射剂的被告制药公司("被告山之内""被告明治""被告万有""被告富士"),提起了损害赔偿请求。本判决做出了以下阐述,从而否定了民法第719条第1款前段的适用。亦即,"经认定,在医药品制造行业,从1963年开始,自发成立了医药品安全性委员会,对医药品的安全性进行了各种研究,尤其是在1969年12月到1970年7月间,提出了聚乙烯吡咯烷酮(虽然仅限于这一种物质)的安全性问题,在研究过程中,对注射剂造成局部缺陷的情况也进行了研究,但没有足够的证据证明原告所主张的以下情况:该委员会在进行各种研究时,本症状已经被作为问题;包括各被告公司在内的制药公司在知晓肌肉注射具有导致本案中的症状的危险的情况下,通过相互串通对此进行了隐瞒。另外,也没有足够的证据证明各被告公司之间存在通过相互利用彼此的企业活动来完成各自的企业活动这样的紧密关系。此外,作为民法第719条第1款前段适用条件的、各被告公司之间的关联共同性,即使运用本案全部证据仍不足以认定。因此,各位原告关于本案应适用民法第719条前段的主张不予采纳"。

3. 民法第719条第1款后段的一般性定义(视角3)

该判决提到,"各位原告还主张,适用民法第719条第1款后段,在加害人不明的情况下,应推定各被告公司制造、销售上述一所记载的本案中的各种注射剂的行为,与各位原告患儿罹患本症状之间存在因果关系",然后就这一点进行了以下一般性定义。"民法第719条第1款后段的规定是,'当无法得知共同行为人中由谁造成损害时',与该条的前段一样,应该各自承担连带责任。设置这一规定的意图为:在物理与时间上相接近的情况下,数人实施加害行为,导致损害发生时,有时被害人难以对加害人进行特定,如果要求对各个人的行为与损害之间的因果关系进行完全的证明,则可以想见,受害人最终无法得到赔偿的情况不在少数,因此要从政策上对受害人进行救济。因此,在能够证明特定的数人之中的某个人的行为引发损害,但无法证明损害的发生是由谁的行为引起时,根据上述规定,可以解释为,能够推定各个人的行为与损害之间均有因果关系。如果行为人能够证明自己的行为没有引发损害,则可以免责。上述条款将其适用范围限定为'共同行为人',可以认为其宗旨是,为了防止赔偿义务人的范围经由推定而不当扩大。因此,这里的'共同行为人'是指在物理与时间上相接近,均实施了具有造成结果之危险性的行为,并且被怀疑为加害人也属无可奈何的数人,没有其他值得怀疑之人的情况下的数人,就民法第719条第1款后段的适用而言,应该理解为,除上述要件外,上述共同行为人之间不需要存在'关联共同性'。考虑到上述情况下救济受害人的必要性,在上述要件的限制下,即使将上述数人认定为'共同行为人',也不会认为不当扩大了民法第719条第1款后段的适用范围。"

该判决如药害诉讼中的民法第719条第1款的解释论的开头部分所说明的那样,是药害诉讼的一系列判决中,唯一一个展开了民法第719条第1款前段与后段的解释论的判决,从这层意义上来讲,该判决是一个重要的判决。就这一点予以确认后,这里对于"后段"的解释论,有以下几点是很重要的。首先,将"后段"理解为有关择一竞合情况下的规定。其次,关于这里的"共同行为人",不同于此前的公害诉讼中的一系列判决的一般性倾向,而是认为客观关联共同性(弱的关联共同性)是不必要的。但是,如果去掉了客观关联共同性这一框架,则"共同行为人"的范围就会不当扩大。于是,又对"共同行为人"进行了限定,"在物理与时间上相接近,均实施了具有造成结果之危险性的行为,并且被怀疑为加害人也属无可奈何的数人,没有其他值得怀疑之人的情况下的数人"。

4. 视角4

该判决将以上的一般性定义作为前提，从而否定了前段的适用，与此相对，如下所述，肯定了后段的适用。换言之，本判决首先"根据已经认定的结果：(1)被告明治、被告富士、被告万有以及被告山之内，分别将本案中的Kanacillin 明治、Efumin、注射用 Broadcillin 以及 Parakishinzoru M，销售给或者作为试用品提供给青木小儿科医院，另外公司名不明的安乃近注射液制造公司也实施了同样的销售行为。(2)包括上述各种肌肉注射剂在内的、市场上销售的肌肉注射剂，均具有损害肌肉组织的性质，而肌肉注射剂所具有的损害肌肉组织的性质，对于原告患儿们罹患本案中的症状而言属于不可缺少的原因，上述损害肌肉组织的性质，与注射量、注射次数、注射间隔、注射期间、注射部位、患者的个体差异等复杂地关联在一起，导致了本病症的发病。(3)上述各种肌肉注射剂，均是在青木医师的指示下，于附件当事人个人附表的'注射年月日'所记载的日期(但就和歌子原告而言，1970年7月21日、同年9月18日、1971年2月4日除外，就美辉原告而言，1969年12月7日、1972年3月28日除外)，以下述形态对附表中的原告患儿进行了注射：对真纪原告注射了'本案中的 Kanacillin 明治、上述安乃近注射液、本案中的 Efumin'以及'本案中的注射用 Broadcillin、上述安乃近注射液、本案中的 Efumin'这两种混合液体，对和歌子原告注射了'本案中的 Parakishinzoru M、上述安乃近注射液、本案中的 Efumin'、'本案中的 Parakishinzoru M、本案中的 Efumin'、'本案中的 Parakishinzoru M、上述安乃近注射液'以及'本案中的注射用 Broadcillin、上述安乃近注射液、本案中的 Efumin'这几种混合液体，对于美辉原告注射了'本案中的 Parakishinzoru M、上述安乃近注射液、本案中的 Efumin'、'本案中的 Kanacillin 明治、上述安乃近注射液、本案中的 Efumin'、'本案中的 Parakishinzoru M、上述安乃近注射液'以及'本案中的注射用 Broadcillin、上述安乃近注射液、本案中的 Efumin'这几种混合液体。上述混合液体几乎都被注射到了原告患儿的左右大腿，其中有相当一部分于某一日期，注射到了原告患儿们发生本案中的症状的患病部位，也就是真纪原告的右大腿、和歌子原告的左大腿以及美辉原告的右大腿,但上述何种混合液体于何时被注射到原告患儿们的上述患病部位,除以上所述外,无法进一步加以确定。(4)但能够确定的事实是,原告患儿们的前述各个患病部位,没有被注射除上述各种混合液体以外的其他任何注射剂。"在此基础上,本判决按照如下所示,将"后段"适用于"共同行为人"。"如此一来,各被告公司,可以说均属于具有导致本案中症状的危险性的肌肉注射剂的销售或提供者,并且具有即使被怀疑为对相应的原告患儿们罹患本案中的病症制造了原因也属无可奈何的情况(特别是根据所认定的事实,虽然无法确定各被告公司所生产的上述各种肌肉注射剂均被注射到了相应原告患儿们的各个患病部位,但对上述任一肌肉注射剂而言,该等盖然性均相当高,并且存在以下情况:假定以上各种肌肉注射剂被注射到了原告患儿们的各个患病部位,只能认为是在该等肌肉注射剂的单独作用下,或者同注射到相同患病部位的其他肌肉注射剂的相互作用下导致了本案中病症的出现,无法想象将原因归结于其他注射剂),并且其他被值得怀疑为加害人者,只有与各被告公司具有相同情况的、制造上述安乃近注射液的公司,所以应该说各被告公司属于民法第719条第1款后段所规定的'共同行为人'",于是本判决肯定了"后段"的适用,并得出了以下结论。"由于以上情况,在本案中,可以依据民法第719条第1款后段,推定原告患儿们罹患本案中的病症同相应的各被告公司生产销售上述肌肉注射剂的行为之间存在因果关系。""于是,对于原告患儿们的后述损害,相应的各被告公司连带承担基于民法第709条的赔偿责任。"

5. 视角5

如第4部分所阐明的,关于"原告"与"被告"的接点,已在有关民法第719条第1款后段的事实认定中得到了详细的论述,关于这里的"共同行为人",原告应该予以主张及证明,该判决对于这一点也进行了详细的事实认定,这一点是很重要的。本来不应该轻易地进行归纳,而是应该确认与上述部分相关的引文,不过如果硬要进行归纳的话,可以说原告证明了以下事实:(1)各制药公司向医院(诊所)进行了销售或者作为试用品进行了提供;(2)包括上述各种肌肉注射剂在内、于市场上销售的肌肉注射剂均会导致本案中的症状;(3)上述各种肌肉注射剂,均是在青木医师的指示下,于附件当事人个人附表的"注射年月日"所记载的日期对原告们进行了注射;(4)然而,几乎所有肌肉注射剂均被注射到了原告们的左右大腿部位,其中有相当一部分于某一日期,注射到了原告们的大腿部位,但何种混合液体于何时被注射到原告患儿们的上述各个患病部位,除以上所述外,无法进一步加以确定;(5)但原告患儿们的前述各个患病部位,没有被注射除上述各种混合液体以外的其他任何注射剂。毋庸赘言,事实(1)、(2)、(3)、(5),很明显能够认定"共同行为人",理由在于,"在物理与时间上相接近,均实施了具有造成结果之危险性的行为,并且被怀疑为加害人也属无可奈何的数人,没有其他值得怀疑之人的情况下的数人"。

以上这些事实,可以同此前所讨论的公害诉讼的诸判决中,企业所排出的大气污染物或者行驶于国家或公团所管理的道路上的汽车所排放的尾气,是否作为一个整体或相互混合在一起抵达原告们所居住的地区,这一被告们的侵害行为("到达的因果关系")进行对比。特别是,在以上事实中,事实(1)、(3)与此相当。这些事实属于应当由原告们所主张及证明的事实。关于这一点,在斯蒙病诉讼中同样如此,作为被告的制药公司实施了生产销售,原告自身服用了这些制剂(单个或数个公司所生产销售的)等情况,与这里所探讨的相对应。但是,关于原告自身进行了服用这一点,不同于公害诉讼以及大腿股四头肌短缩症诉讼的情形,要做出令制药公司信服这种程度的证明是很困难的[因此,被告对于"由于服用而罹患了斯蒙病"(本来意义上的因果关系)这一点予以否认,同时对于原告"服用了"自身所制造的制剂这一点表示"不清楚",从某种意义上来讲,属于理所当然的事情(例如,京都斯蒙病诉讼判决)]。从这一点来看,在斯蒙病诉讼中,虽然本来意义上的"因果关系"(以服用为前提,由于喹诺仿而罹患斯蒙病)被作为中心进行了讨论,但作为其前提,如以上所阐明的,被告所排出的污染物质,被告所生产销售的制药均到达了原告的身体(侵害行为)这一事实的主张及证明,是当然的前提,这一点不应该看错。

必须强调的一点是,作为在药害诉讼中对这一点进行再确认的判决,该判决（福岛股四头肌短缩症判决），在适用民法第 719 条第 1 款后段时，如上所述，进行了详细的事实认定，从这层意义上来看是非常重要的。

八、药物的服用与疾病之间的因果关系

最后，关于作为以上讨论之前提的、药物的服用与疾病之间的因果关系，整理一下其认定中的要点。众所周知，虽然在公害诉讼中同样如此，但在药害诉讼中，这一点成为最重要的争议点。这就是斯蒙病诉讼中喹诺仿与斯蒙病之间的因果关系问题。在这里详细介绍这一点，并不会比讨论公害诉讼取得更进一步的成果。因此，预先说明一点，这里只能就判决群中的几个例子进行简要的总结。

首先来看作为斯蒙病诉讼判决之开端的金泽斯蒙病诉讼判决。(1)根据上述认定，斯蒙病患者中约有 15% 并未服用喹诺仿，由此看来，不能说喹诺仿中毒说 100% 满足或近似 100% 满足上述条件①，因此，即使考虑喹诺仿的毒性以及用量方面的条件，仍不能将喹诺仿认定为斯蒙病唯一的主因。但是也确认到了能补强①的事实：例如，在出现神经症状前的 6 个月内服用喹诺仿的人约占 80%，并且确认了一部分人满足 D·R·R 关系；在采取停止销售的措施后，新患者的发生数量急剧减少；等等。综合这些情况来判断的话，应该认定，在与其他病因相竞合或并存的情况下，喹诺仿成为斯蒙病的病因之一。不过，喹诺仿属于斯蒙病诉讼的数个主因中的一个，还是仅仅属于辅助性因素，在该等情况下还有哪些其他的重要原因，另外，成为斯蒙病病因的，是因为宿主方面的因素（过敏体质），还是由于其他生物性因素（细菌、病毒等）的叠加作用，通过本案证据无法加以证明。(2)另外来看一下病毒说，从病毒的分离率约为 80%，以及动物实验中观察到了阳性的例子等情况来看，只能承认，病毒也有可能是斯蒙病的病因，但是由于不能说 100% 或近似 100% 满足前述条件，因此不能认定为斯蒙病的唯一主因。那么，病毒作为数个病因中的一个，是处于主因的地位，还是仅仅为辅助性因素，还是与喹诺仿或其他病因相竞合才引起斯蒙病的症状，有没有在起因于喹诺仿的斯蒙病以外还另外存在起因于病毒的斯蒙病，从证据上无法予以

判断。由于无法从理论上否定斯蒙病存在数个病因,因此并不存在"病毒说被考虑为病因的话,喹诺仿中毒说就要被否定"这种择一的关系。另外的细菌说、代谢障碍说等,作为斯蒙病的病因来看,仅仅达到了从科学上来看有其可能性这一程度,无法从法律上认定因果关系。(3)结论是,在本案中,无法从证据上明确指出斯蒙病的病因,尤其是能够单独说明病因的所谓主因,但就喹诺仿来说,能够认定其对于斯蒙病发挥了某种作用。在我国的斯蒙病患者中,相当一部分患者的神经症状,是由于喹诺仿的毒性这一病因与其他无法忽视的病因以及宿主方面、环境方面的各种要素相叠加而发病或出现了症状的恶化,不过其发病机理现在尚不明确。另外,应该说,该结论与上述病毒也有可能是斯蒙病的病因这一认定并不冲突。

其次,东京斯蒙病诉讼判决对此进行了详细的分析探讨,在"第二编 因果关系"的"第八章 斯蒙病起因于喹诺仿——有关一般因果关系的结论"的"第一本编 认定与说理的总结"这一部分,首先讲到,"根据本编中的认定与说理,尤其是流行病学方面的调查研究结果所认定的斯蒙病与喹诺仿之间的高度关联性,接受喹诺仿制剂投放试验的动物与人类的斯蒙病在临床以及病例两方面极高的类似性,以及通过有关发病机理的试验更显示出其紧密程度等方面来看,本案诸原告所主张的喹诺仿与斯蒙病之间的因果关系足以认定,尽管难以说发病机理已经完全清晰,但这一点并不会左右上述结论(请参考 1975 年判决)。如前所述,被告田边所主张的病毒说难以被采用。"其次,在"第二有关因果关系的归纳"这一部分,该判决进行了以下详细的阐述。"斯蒙病的病因是喹诺仿,而并非起因于与此并存的、(在我国所特有的)其他某种未知的原因物质(agent)。包括病毒在内的其他病因,通过本案的全部证明来看,无法得到承认。也就是说,喹诺仿被认为是斯蒙病的唯一原因物质,斯蒙病在我国多发,起因于喹诺仿的长期与大量的投放(参考第四章、第三编第一章、第二章)。""如上所述,药剂的长期大量投放这一所谓的'社会性因素',引起了斯蒙病在我国的多发,应该说这迫使我们思考我国医疗制度的应有状态。[另外,在本案的原告中,有的原告不仅将国家以及制药公司作为被告,也将医师以及医疗机构作为被告,向后者提起了损害赔偿请求诉讼(医疗过失诉讼),但本法院暂且将其分离,仅就以国家及制药公司作为被告的所谓药害诉讼的请求宣告本判决。有关医师责任的问题,对于诸被告所主张的其行为(喹诺仿制剂的投放)的介入,阻断了各被告公司生产销售本案中的喹诺仿制剂的行为与各原告所发生的损害之间的因果关系,仅在必要范围内,在下一编进行说明]。各被告公司非但没有在含有具备'神经毒性'的喹诺仿的制剂上作出副作用的警告,反而强调其安全性,进而以'消化药'的名义致力于大量销售(参考第三编第一章),另外,作为被告的国家,对于这些制药公司的营业活动,就作为许可机关而被赋予的规制权限,在当然应该予以行使的时期怠于行使该等权限(参考第二章),从这层意义上来看,斯蒙病可以说是'由社会所引发的疾病',可以说,斯蒙病诉讼在名称上应该与'反应停事件'一样,适合称作'喹诺仿事件'",由此肯定了喹诺仿制剂与斯蒙病之间的因果关系。

在福岛大腿股四头肌短缩症判决中,这一因果关系表现为"肌肉注射与发生大腿股四头肌短缩症之间的因果关系",关于这一点,该判决首先在"一般性因果关系"的层面上,探讨了"1.文献""2.集体诊查结果""3.厚生省的应对""4.日本小儿科学会的应对""5.其他各团体的应对""6.动物实验""7.大腿股四头肌短缩症发生数的减少""8.总结",然后,作为"对各被告主张的判断"进行了如下的归纳。"被告们主张,大腿股四头肌短缩症的主因并非肌肉注射剂本身,而是医师无视适应症的、频繁大量的注射(医疗)行为,并且也未充分证明肌肉注射剂的生产许可或生产销售与本案中症状之间的因果关系(相当因果关系),另外各被告公司在进行以上主张的同时,还主张由于医疗行为的介入,注射剂与本案中症状之间的因果关系应该中断。的确,作为被告的国家许可了生产,各被告公司所生产销售的本案中的各种肌肉注射剂,虽然如前所述被认为具有损害肌肉组织的性质,但证据上并不存在对其有用性产生怀疑的情况。医药品多少都伴有一些有害作用,但由于兼有有益的药理作用,因此以妥当使用为前提,可以作为有用的产品进行生产及销售。特别是,本案中的各种肌肉注射剂均为医疗用的医药品,是否适合使用取决于医师的判断。医师基于其专业知识,综合判断患者的病状、年龄等情况,决定是否注射、注射剂的种类、注射量、注射次数、注射期间、注射方法、注射部位等。对于这一医疗行为的结果,就其妥当与否首先应该被问责的是医师。医师违反使用上的指示及警告,或者以医学常识上难以预测的异常方法使用医药品时,由于国家及制药公司无法规制或支配该等医疗行为,因此对其结果不承担责任。但医师以治疗当时所通常采用的方法使用了医药品,或者说因为该等医药品的有害性由于未被广泛知晓,而在未考虑其有害性的情况下进行了使用,考虑这一情况的话,在能够期待不使用该等医药品或者改变使用方法的情况下,当由于该等医药品的有害作用而导致患者的身体发生缺陷时,与医师有无责任相并列,国家及制药公司有无责任也应当作为问题。其理由在于,医师要做出准确的判断、实施恰当的医疗行为,必须充分掌握有关医药品安全性的准确信息,而医师要对医药品的安全性进行个别确认通常是不可能的,或者说非常困难,因此在有些情况下会期待制药公司能够公布医药品的有害作用,进行使用方面的指示与警告,也会期待国家公布上述有害性,并且促使制药公司进行上述指示与警告。另外,被告们所说的'法律因果关系(相当因果关系)',是指在一连串事实因果关系中划定适合作为侵权行为的范围。如果以过失侵权行为为例,应该解释为,行为人负有防止发生之义务的损害应在法律因果关系的范围内。因此,要确定以肌肉注射剂损害肌肉组织的特性(前述特殊情况除外)为前提的本案中症状的出现,与国家及制药公司的作为或不作为之间是否存在法律因果关系,应该将制药公司是否承担公布肌肉注射剂所具有的损害肌肉组织的特性并进行使用方面的指示与警告的义务,国家是否承担公布上述特定并促使制药公司进行上述指示与警告的义务,作为问题。为了判断这一点,需要讨论使用肌肉注射剂会导致本案中的症状这一点能否被预见,以及是否有可能避免原告患儿们出现本案中的症状。像这样,在本案中,关于是否存在法律因果关系(相当因果关系),应该进行与违法性及有责性的判断所相同的讨论。被告们的前述主张是否妥当,通过下述第五及第六有关被告们的过失责任的判断就可以明了。另外,因果关系中断论,其宗旨在于从法律上限定过于宽泛的事实因果关系,因此应该归结于有无法律因果关系的问题。"

其次,该判决讲到了"本案中各种肌肉注射剂与原告患儿们罹患大腿股四头肌短缩症之间的个别因果关系",在对"1.本案中各种肌肉注射剂对原告患儿们的注射"以及"2.被认定用于原告患儿们的肌肉注射剂的注射部位等"进行了详细的认定后,得出了如下的结论,从而肯定了因果关系。"如以上第一、第二所认定的,只要不存在其他特殊的情况,则能够认定,在青木医师的指示下,在前述所认定的注射年月日的某一日,真纪原告的右大腿被肌肉注射了'被告明治所生产的本案中的 Kanacillin 明治、制药公司不明的安乃近注射液被告富士所生产的本案中的 Efumin'以及'被告万有所生产的本案中的注射用 Broadcillin、上述安乃近注射液、上述 Efumin'这两种混合液体,和歌子原告的左大腿被肌肉注射了'被告山之内所生产的本案中的 Parakishinzoru M(Chlomy)、上述安乃近注射液、上述 Efumin'、'上述 Parakishinzoru M、上述 Efumin'、'上述 Parakishinzoru M、上述安乃近注射液'以及'上述注射用 Broadcillin、上述安乃近注射液、上述 Efumin'这几种混合液体,美辉原告的右大腿被肌肉注射了'上述 Parakishinzoru M、上述安乃近注射液、上述 Efumin'、'上述 Kanacillin 明治、上述安乃近注射液、上述 Efumin'、'上述 Parakishinzoru M、上述安乃近注射液'以及'上述注射用 Broadcillin、上述安乃近注射液、上述 Efumin'这几种混合液体,因此真纪原告最晚于 1972 年 10 月左右,和歌子原告最晚于同年 11 月左右,美辉原告最晚于同年 6 月左右,均于各自的患病部位罹患了大腿股四头肌短缩症。"

第三节 民法第 719 条在尘肺诉讼中的解释论

一、前言

在探讨民法第 719 条在尘肺诉讼中的解释论时,首先确认以下这一点是有所助益的。即,不同于此前所探讨的公害诉讼、药害诉讼的领域,在尘

第三章 民法第719条的判例分析

肺诉讼中,其特点在于,其解释论是以民法第719条第1款后段为基准而展开的。在这层意义上,正如以下的探讨所表明的那样,不同于此前所讨论的两个领域的判决的情形,该条款后段的解释论得到了最为细致的展开,由此也可以看出,在这一领域,才得以确认民法第719条第1款后段的历史性解释,也就是所谓的到达点。当然,毋庸赘言,这一领域也反映了学说的展开过程。因此,首先需要说明的一点是,在以下的分析中,在第二章第四节展示的分析视角中,尤其以视角3、视角4、视角5为中心来进行分析。

另外,此处同样将作为分析对象的判决首先列举如下(在引用时,将使用各自括号内的名称)。

① 鸟取地判昭和62年7月30日判例times 646号250页(鸟取尘肺诉讼判决)

② 东京地判平成2年3月27日判例时报1342号16页(日铁尘肺诉讼第一审判决)

③ ②的控诉审判决——东京高判平成4年7月17日判例时报1429号22页(日铁尘肺诉讼控诉审判决)

④ ③的上诉审——最判平成6年6月3日劳动判例652号6页(日铁尘肺诉讼上诉审判决)

⑤ 千叶地判平成5年8月9日判例times 826号125页(千叶尘肺诉讼判决)

⑥ 长崎地判平成6年12月13日判例时报1527号21页(伊王岛尘肺诉讼第一审判决)

⑦ ⑥的控诉审——福冈高判平成8年7月31日判例时报1585号3页(伊王岛尘肺诉讼控诉审判决)

⑧ ⑦的上诉审——最判平成11年4月22日劳动判例760号7页(伊王岛尘肺诉讼上诉审判决)

⑨ 福冈地裁饭塚支部判平成7年7月20日判例时报1543号3页(筑丰尘肺诉讼第一审判决)

⑩ ⑨的控诉审——福冈高判平成13年7月19日判例时报1785号89

页（筑丰尘肺诉讼控诉审判决）

⑪ ⑩的上诉审——最判平成 16 年 4 月 27 日判例时报 1860 号 34 页（筑丰尘肺诉讼上诉审判决）

⑫ 仙台地判平成 8 年 3 月 22 日判例时报 1565 号 20 页（仙台尘肺诉讼判决）

⑬ 长崎地判平成 10 年 11 月 25 日判例时报 1697 号 3 页（长崎日铁尘肺诉讼第一审判决）

⑭ ⑬的控诉审——福冈高判平成 12 年 7 月 28 日劳动判例 798 号 98 页（长崎日铁尘肺诉讼控诉审判决）

⑮ ⑭的上诉审——最判平成 13 年 5 月 14 日劳动判例 805 号 162 页（长崎日铁尘肺诉讼上诉审判决）

⑯ 浦和地裁熊谷支部判平成 11 年 4 月 27 日判例时报 1694 号 14 页（秩父尘肺诉讼第一审判决）

⑰ 东京高判平成 13 年 10 月 23 日判例时报 1768 号 138 页（秩父尘肺诉讼控诉审判决）

⑱ 札幌地判平成 11 年 5 月 28 日判例时报 1703 号 3 页（北海道煤炭尘肺诉讼第一审判决）

⑲ 札幌高判平成 16 年 12 月 15 日判例时报 1901 号 31 页（北海道煤炭尘肺诉讼控诉审判决）

⑳ 福冈地判平成 13 年 12 月 18 日判例 times 1107 号 92 页（三井三池煤矿尘肺诉讼判决）

㉑ 札幌地判平成 14 年 3 月 19 日 TKC28071755（芦别煤矿尘肺诉讼判决）

㉒ 长崎地判平成 14 年 12 月 25 日 TKC28081333（日本制铁等尘肺诉讼第一审判决）

㉓ 福冈高判平成 16 年 7 月 12 日 TKC28100619（日本制铁等尘肺诉讼控诉审判决）

㉔ 长崎地判平成 17 年 12 月 13 日 TKC28131707（三井松岛尘肺诉讼

㉕ 福冈地判平成 19 年 8 月 1 日判例时报 1989 号 135 页（西日本尘肺诉讼第一审判决）

㉖ 福岛高判平成 20 年 3 月 17 日判例时报 2015 号 146 页（西日本尘肺诉讼控诉审判决）

㉗ 福冈高判平成 21 年 6 月 22 日 LLI/DB[判例秘书]06420343（西日本尘肺诉讼第二次请求控诉审判决）

在以上诸判例中，愚以为，鸟取尘肺诉讼判决是尘肺诉讼中第一起将企业（公司）间的共同侵权行为责任作为问题的诉讼，在这层意义上来讲，这是一件十分重要的诉讼。但是，作为被告的木部建设股份有限公司，原来属于被告间组股份有限公司的一个部门，只是为了符合劳动法律制度，而进行了法人化，其实质并没有发生变化。因此，其属于后述有关"强度关联共同性（民法第 719 条第 1 款前段）"的第一判例法理的案件，因此，以下没有将本判决作为探讨的对象。其次，北海道煤炭尘肺诉讼控诉审判决的情况是，"本诉讼，最初是由包括九名前职员或其继承人在内的原告，以三菱材料股份有限公司、住友煤炭矿业股份有限公司、三井建设股份有限公司、三井矿山股份有限公司、三井煤炭矿业股份有限公司（以下将这五家公司合称为"一审被告企业"）、北煤①及国家作为共同被告人而提起的诉讼，但在针对一审被告企业提起的诉讼中，原审以及本次审判中已经达成诉讼和解。另外，对于北煤的诉讼，由于该公司于 1995 年 6 月 27 日被做出开始公司更生程序的决定，于 1996 年 6 月 27 日被做出认可更生计划的决定，此后该认可更生计划的决定得以确定，因此该公司自然于 1996 年 12 月 20 日以前结束了更生手续，因此本次诉讼只涉及由于以上情况而未能结束诉讼的 79 名旧职员、其诉讼承继人或继承人等控诉人对被控诉人所提起的控诉的处理。并且，在本次审判的口头辩论结束后，70 名旧职员、其诉讼承继人或继承人等控诉人与被控诉人之间达成了诉讼和解，因此本判决的对象仅为 9 名旧

---

① 即北海道煤矿汽船股份有限公司。——译者

职员的诉讼承继人或继承人等控诉人对被控诉人提出的请求。"① 也就是说，一审原告（控诉人）仅将国家（被控诉人）作为对象进行了控诉。基于以上情况，以下同样不再将北海道煤炭尘肺诉讼控诉审判决作为探讨的对象。

二、以视角 4 为基础对诉讼类型的提炼

1. 以上述说明为前提，以下将开始探讨诸判决。但为了提炼尘肺诉讼中民法第 719 条第 1 款后段的解释论，比较好的做法是将这些判决区分为两种类型。

2. 第 1 种类型出现在仙台尘肺诉讼判决的以下案件中。"1—5、7、8、10 号原告，如之前所认定的，在被告三菱材料及被告细仓矿业的雇佣下，仅在细仓矿山从事了劳动，因此被告三菱材料及被告细仓矿业在细仓矿山的各种债务不履行，能够推定为引起了上述原告的尘肺病患。但是，尘肺的特点是，其由于吸入体内的粉尘蓄积而引起，并且停止粉尘的吸入后症状仍会加剧，由此来看，不能确定 1—5、7、8、10 号原告的尘肺病患是由于被告三菱材料和被告细仓矿业中哪一个被告的债务不履行而引起。在这种情况下，为了与侵权行为的被害人的保护相均衡，可以认为关于共同侵权行为的民法第 719 条第 1 款后段的规定，是可以进行类推适用的。于是，被告三菱材料及被告细仓矿业，依据民法第 719 条第 1 款后段规定的类推适用，各自负有赔偿 1—5、7、8、10 号原告因为罹患尘肺而遭受的全部损害的义务。"在该案中，由于原告为数个被告从事过尘肺劳动，作为该等数个被告承担连带责任的法律构造，援引了民法第 719 条第 1 款后段的规定。这里暂将这一类型称作"连带责任类型"。属于这一连带责任类型的，除了仙台尘肺诉讼判决外，还有秩父尘肺诉讼第一审判决（同时也属于后述的责任限定类型）、北海道煤炭尘肺诉讼第一审判决（因果关系的明示）、三井三池煤矿尘肺诉讼判决（同上）、芦别煤矿尘肺诉讼判决。

但是，在这一类型中，还有将民法第 719 条第 1 款后段规定本身的类推

---

① 引自本案控诉审判决"第二案件概要（二）"。

适用作为了问题的千叶尘肺诉讼判决。即,"在本案中,各被告分别令三郎从事会吸入粉尘的工作,由此三郎罹患了尘肺,对于基于侵权行为的请求,根据民法第719条第1款后段规定的类推适用,只要各被告不能证明三郎在各个岗位上从事劳动与其全部或部分损害之间不存在因果关系,则各被告应对作为三郎继承人的原告们,连带地承担赔偿全部损害的责任"。在更加详细地探讨民法第719条第1款后段的解释论及其适用时,有必要在连带责任类型中对上述裁判例进行单独的分析。

3. 其次,第2种类型,反映在日铁尘肺诉讼第一审判决中的被告日铁矿业所主张的以下内容中。即,"被告日铁""已经对原告们履行了应当履行的安全注意义务,应该说没有赔偿其损害的义务,即使负有上述义务,根据对原告罹患尘肺的原因的参与度,也不过是在有限的范围内负有责任。""被告日铁就尘肺病的预防,在当时已经采取了当时所能采取的最佳对策,松尾采石场作为粉尘工作场所的工作条件及工作环境,绝不差于原告们工作过的其他粉尘工作场所。因此,对于在松尾采石场以外的粉尘工作场所也从事过工作的原告们,被告日铁的责任应当限定在相应的范围内。"这一类型,作为被告(们)以原告在被告(们)的工作场所以外的工作经历为理由而主张责任的限定时,为了使这一主张正当化(或者为了判断这一主张的妥当与否)而援引的法律构成,是展开民法第719条第1款后段的解释论的一种类型。这一类型可以构成基于其他尘肺经历的一种责任限定类型,这里暂将其称作"责任限定类型"。属于这一责任限定类型的,除了上述日铁尘肺诉讼第一审判决外,还有日铁尘肺诉讼控诉审判决、日铁尘肺诉讼上诉审判决、伊王岛尘肺诉讼第一审判决、伊王岛尘肺诉讼控诉审判决、伊王岛尘肺诉讼上诉审判决、筑丰尘肺诉讼第一审判决、筑丰尘肺诉讼控诉审判决、长崎日铁尘肺诉讼第一审判决、秩父尘肺诉讼第一审判决、秩父尘肺诉讼控诉审判决、日本制铁等尘肺诉讼第一审判决、日本制铁等尘肺诉讼控诉审判决(有关短期劳动人员)、三井松岛尘肺诉讼判决(虽然短期劳动人员的因果关系也成为问题,但结果该判决仍将其视为责任限定的问题)、西日本尘肺诉讼第一审判决(关于短期劳动人员,该判决没有作为因果关系的否定问题,

177

而是视为共同侵权行为的责任减免或责任限定问题)、西日本尘肺诉讼控诉审判决以及西日本尘肺诉讼第二次请求控诉审判决。

但是,在这些责任限定类型的内部,筑丰尘肺诉讼控诉审判决肯定了民法第719条第1款后段的类推适用。即,将民法第719条第1款后段的适用视为"绝对暴露"的情形,而对于"相对暴露"(重合性竞合)的情形,则作为该条款后段的类推适用问题。

三、"适用型"与"类推型"

如上,关于连带责任类型与责任限定类型的区别,如已经所阐明的,在两种类型中,均存在将民法第719条后段的"类推"适用作为问题的裁判例(千叶尘肺诉讼判决以及筑丰尘肺诉讼控诉审判决)。因此,如前所述,关于民法第719条第1款后段的解释论,有必要对两者进行分别整理。

另外,关于以上这种民法第719条第1款后段的"类推"适用(这一点也正好与公害诉讼的判决例中的以下情形相呼应:西淀川公害第2—4次诉讼判决,作为重合性竞合的场合,将民法第719条的类推适用作为了问题,而在尼崎大气污染公害诉讼判决中,则是作为竞合性侵权行为的情形,将民法第719条第1款后段的类推适用作为了问题)成为问题这一点,为周全起见有必要补充说明以下这一点。在尘肺诉讼中,如众所周知的,是根据被告违反了安全义务而进行了责任追究,因此在这一点上,民法第719条第1款的类推适用成为问题。但是,上述意义上的"类推"适用,是以肯定这层意义上的类推适用为前提,而主要针对上述两种类型,专门在民法第719条第1款后段的解释论本身这一层面上,将类推作为问题。因此,这里想预先说明一点,在下文的分析中,如果使用了民法第719条第1款后段的"类推"适用这一用语时,若无特别说明,其指的不是对于安全注意义务违反的类推适用,而是在上述两种类型本身的"类推"这层意义上来使用(因此,在两者的类推成为问题的场合,就会出现所谓"双重意义上的类推")。

四、连带责任类型的诸判决

1. 仙台尘肺诉讼判决

(1) 民法第719条第1款后段的一般性含义(视角3)

本判决对民法第719条第1款后段存在如下阐述(尽管或许有重复的部分,这里再次进行引用)。"(一)1—5、7、8、10号原告,如之前所认定的,在被告三菱材料及被告细仓矿业的雇佣下,仅在细仓矿山从事了劳动,因此被告三菱材料及被告细仓矿业各自在细仓矿山的债务不履行,能够推定为引起了上述原告的尘肺病患。但是,尘肺的特点是,其由于吸入体内的粉尘蓄积而引起,并且停止粉尘的吸入后症状仍会加剧,由此来看,不能确定1—5、7、8、10号原告的尘肺病患是由于被告三菱材料和被告细仓矿业中哪一个被告的债务不履行而引起。在这种情况下,为了与侵权行为受害人的保护相均衡,可以认为有关共同侵权行为的民法第719条第1款后段的规定,是可以进行类推适用的。于是,被告三菱材料及被告细仓矿业,根据民法第719条第1款后段规定的类推适用,各自负有赔偿1—5、7、8、10号原告因为罹患尘肺而遭受的全部损害的义务。"另外,"(三)18—21号原告,如之前所认定的,在受雇于被告三菱材料、被告细仓矿业及熊谷组时,仅在细仓矿山从事了劳动。如之前所认定及判断的,在细仓矿山,被告三菱材料及被告细仓矿业存在不履行安全注意义务的情形。由此可以说,被告三菱材料及被告细仓矿业的债务不履行,引起18—21号原告的尘肺病患的盖然性很高。但是,尘肺的特点是,其由于吸入体内的粉尘蓄积而引起,并且停止粉尘的吸入后症状仍会加剧,由此来看,不能确定18—21号原告是在细仓矿山进行劳动的哪一时期罹患了尘肺。在这种情况下,关于被告三菱材料及被告细仓矿业的责任,为了与侵权行为受害人的保护相均衡,可以认为有关共同侵权行为的民法第719条第1款后段的规定,是可以进行类推适用的。于是,被告三菱材料及被告细仓矿业,根据民法第719条第1款后段规定的类推适用,各自负有赔偿18—21号原告因为罹患尘肺而遭受的全部损害的义务。"[对(四)—(七)中的序号所代表的原告的认定与此相似,因此予

以省略]

从以上内容来看,这里虽然存在民法第719条第1款后段的适用,但没有关于其内容的一般性定义。但是,本判决以"不能确定原告的尘肺病患是由于被告三菱材料和被告细仓矿业中哪一个被告的债务不履行而引起"抑或"不能确定是在细仓矿山①进行劳动的哪一时期罹患了尘肺"为前提,"为了与侵权行为受害人的保护相均衡",而肯定了民法第719条第1款后段的适用(是指由于债务不履行而进行的类推),因此本判决明显是以"加害者不明"的情形为前提的。

(2) 视角 4

在本案中,如上所述,将原告从事过劳动的数个被告矿山企业之间的共同侵权行为的成立作为了问题。

(3) 视角 5

正如上面所明确讲到的,本案属于加害者不明的情形,本案中原告与被告的"连接点",以原告至少在两个被告那里均从事过劳动、在此期间(时期)在此地吸入了粉尘为前提。基于上述前提,可以说被告也被锁定了。

(4) 但是,以上前提,又以各被告的安全注意义务违反与各原告罹患尘肺之间具有因果关系为前提。关于这一点,本判决也进行了详细的探讨,其结论部分如下。"综合以上的认定与判断,各被告自1948年开始,在本案中的各原告于细仓矿山从事劳动的各个时期,认识到应当采取防止尘肺措施的必要性,虽然也可以说采取了一定的尘肺防止措施,但实际所采取的措施,对于在粉尘岗位从事劳动的本案中的各原告而言,并不充分,因此必须说,很难说对本案中的各原告充分履行了安全注意义务。即,必须说,各被告对于本案中的各原告存在不履行安全注意义务的情形。""如之前所认定的,细仓矿山的各个作业现场,均为产生并飞散大量粉尘的岗位,但各被告在抑制粉尘发生及阻止粉尘吸入等措施方面,怠于履行具体的安全注意义务。另外,如之前所认定的,本案中的各原告,均在细仓矿山从事过劳动并

---

① 其被告三菱材料及被告细仓矿业。——引用者注

罹患了尘肺。以下将对各个原告进行个别探讨"，"（一）1—5、7、8、10号原告，如之前所认定的，在受雇于被告三菱材料及被告细仓矿业时，仅在细仓矿山从事了劳动，因此被告三菱材料及被告细仓矿业在细仓矿山的各种债务不履行，能够推定为引起了上述原告的尘肺病患。但是，尘肺的特点是，其由于吸入体内的粉尘蓄积而引起，并且停止粉尘的吸入后症状仍会加剧，由此来看，不能确定1—5、7、8、10号原告的尘肺病患是由于被告三菱材料和被告细仓矿业中哪一个被告的债务不履行而引起。"在进行如上阐述后，如上述，判决得出如下结论："在这种情况下，为了与对侵权行为受害人的保护相均衡，可以认为关于共同侵权行为的民法第719条第1款后段的规定，是可以进行类推适用的。"

2. 秩父尘肺诉讼第一审判决

（1）民法第719条第1款后段的一般性含义（视角3）

该判决讲到，"第九　因果关系及诸被告的责任范围　一、关于原告黑泽、原告田村、原告真真田及原告小森　1.对照前述第一的二之1以及第二所认定的上述各原告在矿山的工作经历、上述各原告在从事粉尘作业时所挖掘的矿物的种类以及前述第八所记载的各种情况等，可以推定日窒矿业开发及被告Nichitsu各自的债务不履行相互作用，导致了上述各原告的尘肺病患。2.在诸如上述1的场合，为了与对侵权行为受害人的保护相均衡，对于债务不履行的责任，也应该理解为，有关共同侵权行为的民法第719条第1款的规定是可以予以类推适用的。因此，根据民法第719条第1款的类推适用，被告Nichitsu对上述各原告由于罹患尘肺而遭受的全部损害负有赔偿义务。"同样地，"二、关于原告土屋　1.基于同上述一1同样的理由，日窒矿业开发、金森组及被告Nichitsu各自的债务不履行相互作用，引起了原告土屋的尘肺病患。2.上述一之2所探讨的，应该说也可以完全适用于上述1。因此，根据民法第719条第1款的类推适用，被告Nichitsu对于原告土屋由于罹患尘肺而遭受的全部损害负有赔偿义务。"（以下将三、四、五中的原告予以省略）。在本判决中，也没有具体地提及民法第719条第1款后段的一般性含义。但是，作为适用该条款后段的前提，提到了"推定日窒矿业开发及被告 Nichitsu 各自的债务不履行相互作用,引起了上述各原告的尘肺病患",也就是讲到了两者的债务不履行"相互作用",因此讲的不是择一的情形,而是在竞合的情况下也可以适用后段。

(2) 视角 4

在这里,原告从事劳动的数个矿山(公司)间的共同侵权行为的成立与否成为问题。

(3) 视角 5

关于这一点,在上述引用的部分中提到,"对照前述第一的二之1以及第二所认定的上述各原告在矿山的工作经历、上述各原告在从事粉尘作业时所挖掘的矿物的种类以及前述第八所记载的各种情况等,可以推定日窒矿业开发及被告 Nichitsu 各自的债务不履行相互作用,导致了上述各原告的尘肺病患。"这一部分在确认"因果关系存在"(即,原告在各被告的矿山从事了粉尘工作,当时被告们存在债务不履行的情形,这些债务不履行相互作用而导致原告们罹患了尘肺病)已得到证明这一点上十分重要。

(4) 最后来看一下矿山的一位原告(已死亡的铃木)的工作及粉尘暴露同罹患尘肺之间的因果关系。关于这一点,如下所述,肯定了因果关系。"一、如前述第一的二(七)、第五及第六所认定的,已死亡的铃木在被告 Nitchitsu 所经营的矿山工作了大约9年后,自1969年开始在宇根矿山工作了大约19年的时间,在此期间,除了短暂从事绿化从业人员等杂活儿的时间外,一直是在发生粉尘的工作环境里工作。另外还可以认定,根据已有证据(证据略),在此期间,现已死亡的铃木至少每3年左右会接受一次尘肺健康诊断,但并未发现异常,在铃木结束以上工作大约1年半以后的1990年5月23日,现已死亡的铃木被认定为管理区分4[X线图像属于第2类型(两个肺叶存在大量由尘肺引起的颗粒状阴影或不规则形状的阴影,并且不存在由尘肺引起的较大阴影),认定存在由尘肺引起的明显的肺部机能缺陷]。另外,根据前述第三的五之1的记载,尘肺具有以下特征:即使不再暴露于粉尘中,但只要粉尘残留在体内,作为对粉尘的一种生理反应,症状仍会加重。因此,就现已死亡的铃木而言,以下这种情况也并非完全不可想象:在宇根矿山工作时吸入的粉尘与尘肺没有关系,在被告 Nichitsu 所经营的矿山工作时吸入的粉尘所导致的症状,自 Nichitsu 离职后 20 年以上时才出现。但是,如后述二之 3(一)所详述的,如果石灰石粉尘被长期大量吸入,也有可能成为气管的炎症性变化以及肺气肿的原因物质,并且,虽然说这一物质的有害性较弱,但仍有可能成为作为尘肺主要症状的纤维增值性变化的原因物质。现已死亡的铃木相当于管理区分 4 的症状,虽然其 X 线图像为第 2 类型(因此,纤维增值性变化造成结节的出现,属于比较轻的程度),但因为存在由此所导致的显著的肺部功能缺陷,因此,即使将石灰石粉尘作为其原因物质之一,与上述这一点并没有矛盾之处;其次,现已死亡的铃木在宇根矿山的工作时间长达 19 年左右;此外,如后述二之 3(二)所述,宇根矿山的石灰石采矿工作所产生的粉尘中,不能否定含有石灰石以外的导致尘肺的原因物质的可能性。考虑到诸如这些情况,就不能说,现已死亡的铃木在宇根矿山所吸入的粉尘,与现已死亡的铃木的上述症状没有关系,应该说,与在被告 Nichitsu 所经营的矿山工作时吸入了能够导致粉尘的原因物质这一情况相结合,在宇根矿山吸入粉尘,对于纤维的增值性变化、气管的炎症性变化、肺气肿这一尘肺所固有的症状,特别是对于后面两种症状的发生与恶化起到了促进作用。"

¹⁸⁶

3. 北海道煤炭尘肺诉讼第一审判决

(1) 关于民法第 719 条第 1 款后段的一般性定义(视角 3)

本判决对此存在以下论述。"民法第 719 条第 1 款后段规定的宗旨为,'当无法得知共同行为人中由谁造成损害时',由共同行为人各自承担连带赔偿责任。这一条文可以理解为做了以下规定:如果数个行为人各自满足了除因果关系以外的独立的侵权行为要件,很显然,受害人所遭受的损害,是由各加害人的全部行为所引起的,但就加害人的个别行为而言难以特定因果关系的存在时(即存在'择一的损害引起关系'),则以加害人的各个行为具有可能引起损害的危险性,有可能构成现实中所发生损害的原因为要件,推定加害人的个别行为与损害之间的因果关系,只要各个加害人无法主张并证明自己的行为与损害之间不存在因果关系,则无法免除其部分或全部责任。这是因为,或许可以说该规定的宗旨为:如果一方面存在有可能构成损害发生原因的行为,但因为存在其他同样的行为而导致难以特定与损害之间的因果关系,因此导致受害人无法受到救济的话,则只能说该结果极为不妥,所以为了避免这种情况,于是基于一定的要件而推定因果关系的存在。如此一来,可以说将这一法理一般性地类推适用于有关违法的共同行为与损害之间的因果关系的法律判断,不存在任何障碍,因此对于基于债务不履行的损害赔偿责任,可以类推适用民法第719条第1款后段。"

本判决对于适用民法第719条第1款后段的要件,提到了以下几点:①满足除因果关系以外的独立侵权行为的要件;②属于择一竞合的情形;③加害人的各个行为(本身)具有导致损害发生的危险性并且④构成现实中所发生的问题的原因。当原告主张并证明了这些要件时,就推定加害行为中的个别行为与损害之间存在因果关系。与此相对,各个加害人通过主张并证明自己的行为与损害之间不存在因果关系,可以免除全部或部分责任。

(2) 视角4

作为本判决将上述民法第719条第1款后段的适用作为问题的前提,正如判决中所讲到的,"原告等旧职员中,有的人除了在被告三井矿山或者被告三井煤炭从事粉尘工作以外,还在数个雇主那里从事过粉尘工作,所以要讨论被告三井等应该对这些人员因为罹患尘肺所遭受的损害承担何种责任",在此也将原告从事过粉尘工作的数个矿山(公司)间的共同侵权行为责任作为了问题。

(3) 视角5

原告与被告之间的"连接点",如上所述,原告须证明被告:①满足除因果关系以外的独立侵权行为的要件;②属于择一竞合的情形;③加害人的各个行为(本身)具有导致损害发生的危险性并且④构成现实中所发生的问题的原因。与此相对,各个加害人通过主张并证明自己的行为与损害之间不存在因果关系,可以免除全部或部分责任。

本判决首先提及了"原告等旧职员罹患尘肺与被告企业的行为之间的因果关系",认为,"原告等旧职员中,有的人仅在被告三井矿山作为直接受管理的职员从事了粉尘工作","对于上述人员,因为罹患尘肺所遭受的损害,很明显是由上述被告违反安全注意义务所导致的",以此为前提,在阐述了上述民法第 719 条第 1 款后段的一般性定义后,做出了如下认定。"于是,如果看一下将被告三井等作为被告的各位原告,如已经所认定的,原告等职员,在被告三井等所经营的煤矿从事工作的时间虽然有差异,但均从事了相当长时间的粉尘工作,被告企业违反安全注意义务,结果导致上述人员吸入了有可能引起尘肺或加重其症状的粉尘,上述各个行为,其本身具有导致罹患尘肺的危险性;另外,被告企业在上述状态下使原告等职员各自从事了一定时间的工作。由此来看,原则上可以认定上述各个行为有可能各自单独构成原告等旧职员所遭受的各项损害的原因。但被告企业主张,对于在被告企业从事矿内工作未满三年的原告等旧职员,很明显,仅仅只是该等被告企业的行为无法导致结果的发生,因此不应该就全部粉尘工作经历所造成的全部损害被追究责任。对此讨论的结果是,虽然如前述所认定的,肺纤维增值性变化的发生,除了急性尘肺以外,一般是长期暴露于粉尘的结果,但鉴于尘肺属于随着粉尘的吸入量增大而恶化的疾病,那么如果能够认定在被告企业从事过粉尘劳动,并且不存在该等工作在全部粉尘工作经历中所占的期间极短,或者属于粉尘暴露较少的工种等情况,则应该说,作为导致原告等旧职员蒙受或增加损害者,无法免于就全部损害承担责任。从以上观点来看,需要探讨有无人员在被告三井等的工作时间极短等情况,如附件《在职一览表(1)》所记载的,位列从前面开始第 15 个的坂本胜美,自 1948 年到 1980 年期间,基本上一直在从事粉尘工作,而其在被告三井矿山的工作合计不过大约 7 个月的时间,所以只能说,在被告三井矿山的工作,构成该人员因为罹患尘肺而遭受的全部损害的原因的可能性是极小的,就其在被告三井矿山的工作,不能认定其与上述损害之间具有相当因果关系。但是,对于其他原告等旧职员,不存在就以上方面被判定为欠缺因果关系的人员。另外,原告等旧职员中,虽然存在在被告企业以外的煤矿工作过的人,以及在金属矿山工作过的人,但从所有证据来看,不存在能够证明上述人员所遭受的损害完全归因于上述情况、从而否定与在被告企业的工作之间的因果关系的证据。"

4. 三井三池煤矿尘肺诉讼判决

(1) 关于民法第719条第1款后段的一般性定义(视角3)

关于这一点,本判决的说明如下。"民法第719条第1款后段规定的宗旨是,'当无法得知共同行为人中由谁造成损害时',由共同行为人各自承担连带赔偿责任。这一条文可以理解为做了以下规定:如果数个行为人各自满足了除因果关系以外独立的侵权行为要件,很显然,受害人所遭受的损害,明显是由各个加害人的全部行为所导致的,但就加害人的个别行为而言难以特定因果关系的存在时,则以加害人的各个行为均具有可能导致损害的危险性,有可能构成现实中所发生损害的原因为要件,可以推定加害人的个别行为与所发生的损害之间存在因果关系,只要各个加害人无法主张并证明自己的行为与损害之间不存在因果关系,则无法免除其责任。这是因为,或许可以说该规定的宗旨为:如果一方面存在有可能构成损害发生原因的行为,但因为存在其他同样的行为而导致难以特定与损害之间的因果关系,因此导致受害人无法受到救济的话,则只能说从结果上来看极为不妥,所以为了避免这种情况,于是基于一定的要件而推定因果关系存在。如此一来,可以说将这一法理一般性地类推适用于有关违法的共同行为与损害之间的因果关系的法律判断,不存在任何障碍,因此,就基于债务不履行、特别是安全注意义务的不履行而发生的损害赔偿责任,也可以类推适用民法第719条第1款后段。"本判决与北海道石炭尘肺诉讼判决一样,对于民法第719条第1款后段"加害人不明"情形下的共同侵权行为的成立,"以下述几点为要件:①满足除因果关系以外的独立侵权行为的要件;②被害人所遭受的损害,明显是由各个加害人的全部行为所导致的,但就加害人的个别行为而言难以特定因果关系的存在时;③加害人的各个行为具有导致损害发生的危险性并且④有可能构成现实中所发损害的原因",当这些要件充足时,则"可以推定加害人的个别行为与损害之间的因果关系"。在这种情况下,各个加害人"只要无法主张并证明自己的行为与损害之间不存在因果关系,则无法被免除责任"。

(2) 视角 4

在这里,原告从事过粉尘工作的被告三井矿山与被告三井煤炭之间是否成立共同侵权行为成为问题。

(3) 视角 5

关于原告与被告之间的"连接点",首先,被告违反安全注意义务与原告的损害之间的因果关系成为问题,关于这一点,判决讲到,"1.关于在被告三井矿山或被告三井煤炭的工作与发生尘肺之间的关系就如所判决的,可以认为,煤矿劳动者也会由于工作的种类、所吸入的粉尘量以及游离硅酸成分的程度等,通常在从事大概 2 年以上的粉尘工作后,就有可能罹患尘肺[第 2 章第 4 之 7(2)]。被告三井矿山自 1935 年左右到 1973 年 9 月 30 日期间,被告三井煤矿自 1973 年 10 月 1 日到 1997 年 3 月关闭矿山期间的所有时间内,均持续存在安全注意义务的不履行(第 4 章第 3 之 12)。鉴于以上两点,对于在被告三井矿山或被告三井煤炭其中一家或其分包企业等具有最低 2 年以上粉尘工作经历的旧职员,只要不存在由于工作的种类、所吸入的粉尘量以及游离硅酸成分的程度等,被认为明显不属于会导致罹患尘肺的粉尘工作经历,则可以肯定被告三井矿山或被告三井煤炭违反安全注意义务与旧职员发生或加重尘肺之间的因果关系。另外,对于粉尘工作经历只有不到 2 年的旧职员而言,鉴于如此短的粉尘暴露期间而导致尘肺发生的例子极为稀少,则要认定上述安全注意违反与尘肺的发生或加重之间具有因果关系,应该证明工作环境极度恶劣以致达到了使人罹患尘肺的程度、吸入了大量的粉尘等特别的情况。"

其次,本判决讲到,"旧职员等之中,除了有众多受雇于被告三井矿山(或其分包企业等)及被告三井煤炭(包括其分包企业),在三井煤矿从事过粉尘工作的人员以外,还有不少人除了在被告三井矿山或被告三井煤炭或者在两家都从事过工作外,还受雇于其他经营者,在三井煤矿以外的经营场所从事过粉尘工作。关于这些旧职员所罹患的尘肺,有必要探讨,应该如何考虑其与被告三井矿山或被告三井煤炭违反安全注意义务之间的因果关系,以及对其损害承担何等责任",并且以民法第 719 条第 1 款后段的上述定义为前提,就该条款"对本案的适用"进行了如下的阐述。"①尘肺的特点根据证人桥口俊则的说法,可以认定,从诊断上不可能区分从事过数个粉尘工作的患者,是在哪一阶段产生了尘肺,以及各个作业产生了什么影响,所以,除非存在能够认定特定的粉尘工作与旧职员罹患尘肺之间不存在因果关系的特殊情况,否则就可以说具备了类推适用民法第719条第1款后段的基础。②具有在两个被告处的粉尘工作经历的情况对于在被告三井矿山及被告三井煤炭两家公司或其分包企业等具有最低两年以上粉尘工作经历的旧职员,只要不存在由于在各家公司从事粉尘工作期间所从事的工种、所吸入的粉尘量以及游离硅酸成分的程度等,被认为明显不属于会导致罹患尘肺的粉尘工作经历,则应该说,被告们各自违反安全注意义务的行为,其本身具备有可能导致尘肺的危险性,因此各自违反安全注意义务的行为,有可能单独构成导致旧职员们发生或加重尘肺的原因,因此可以类推适用民法第719条第1款后段,肯定被告三井矿山或被告三井煤炭各自的个别行为与尘肺发生之间的因果关系。因此,对于这种旧职员们所发生的尘肺,只要被告三井矿山或被告三井煤炭无法主张并证明各自的行为与尘肺的发生或加重之间不存在因果关系,则应该说,各自无法被免除责任,被告们的责任应类推适用民法第719条第1款前段,承担连带责任。③具有在三井煤矿以外的粉尘工作经历的情况从上述阐述可以清楚,对于罹患尘肺的旧职员,如果其在被告三井矿山或被告三井煤炭各自具有最低两年以上的粉尘工作经历,则只要不存在与前述同样的情况,被告们违反安全注意义务的行为与尘肺的发生或加重之间的因果关系就会被肯定,即使其具有在三井煤矿以外的粉尘工作经历,并且该等经历自身具有有可能导致罹患尘肺的危险性,被告们仍会基于民法第719条第1款后段的适用,而无法被免除损害赔偿责任。"

5. 芦别煤矿尘肺诉讼判决

(1) 关于民法第719条第1款后段的一般性定义(视角3)

"民法第719条第1款后段规定的宗旨是,'当无法得知共同行为人中由谁造成损害时',由共同行为人各自承担连带赔偿责任。这一条文可以理解为做了以下规定：以①满足除因果关系以外的独立侵权行为的要件；②受害人所遭受的损害，明显是由各个加害人的全部行为所导致的，但就加害人的个别行为而言难以特定因果关系的存在时；③加害人的各个行为具有导致损害发生的危险性并且④有可能构成现实中所发生损害的原因，这几点作为要件，可以推定加害人的个别行为与损害之间的因果关系，各个加害人只要无法主张并证明自己的行为与损害之间不存在因果关系，则无法被免除部分或全部责任。这是因为，或许可以说该规定的意图为：如果存在有可能构成损害发生原因的行为，但因为存在其他同样的行为而导致难以特定与损害之间的因果关系，因此导致受害人无法受到救济的话，则只能说该结果极为不妥，所以为了避免这种情况，于是基于一定的要件而推定因果关系的存在。如此一来，可以说将这一法理一般性地类推适用于有关违法的共同行为与损害之间的因果关系的法律判断，不存在任何障碍，因此，对于基于债务不履行而发生的损害赔偿责任，也可以类推适用民法第719条第1款后段。"从上面的内容可以看出，本判决与前面两个判决具有相同的内容。

（2）视角4

原告主张，"旧职员们之中，虽然有人曾受雇于被告以外的经营者，从事了掘进工作，但对被告违反安全注意义务的行为，可类推适用民法第719条第1款后段。因此，无论旧职员们在被告处工作时间的长短，被告应就旧职员们遭受的全部损害连带承担损害赔偿责任。"对此，本判决讲到，"旧职员中，有的人除了在被告处从事了掘进工作外，还在被告不负担安全注意义务的场所从事了粉尘工作。在这种情况下，要讨论被告应在哪一范围内承担责任"，如这段陈述所阐明的，这里存在由于原告在被告［自1955年左右开始，在M股份有限公司（但是，从1973年以后为N股份有限公司。以下不分区两者，仅称作"M"）所经营的芦别煤矿，自M处承包了坑道掘进工作］以外的场所从事过粉尘工作，所以被告是否需要单独承担全部损害的问题。

（3）视角5

本判决就上述民法第719条第1款后段的一般性定义对于本案的适

用,做了如下的阐述。"就本案来看这一点的话,如前述所认定的,被告怠于履行安全注意义务,旧职员们罹患了尘肺,O 因为尘肺而死亡。而旧职员们除了在被告以及在被告以外组织粉尘工作的雇主处从事的工作外,不可能吸入会导致罹患尘肺这种程度的粉尘,所以可以认定旧职员们是由于在从事这些工作的过程中所持续吸入的粉尘而罹患了尘肺。此外,旧职员们在被告及 P 有限公司处至少从事了 10 年以上暴露于粉尘的工作(如前述所认定的,在吸入含有高浓度粉尘的空气的情况下,则十年左右也会出现症状),由于被告违反安全注意义务,结果不得不吸入了有可能导致罹患尘肺的粉尘,上述违反安全注意义务的行为,其本身具有有可能导致尘肺发生的危险性。如此一来,被告上述违反安全注意义务的行为,可以推定与旧职员们罹患尘肺以及 O 由于尘肺而死亡之间存在因果关系。旧职员们之中,有人曾经在被告以外的地方从事过粉尘工作,但没有证据足以认定这些旧职员所发生的损害完全是由于在被告以外的地方的工作。另外,如上述所认定的,旧职员们在被告及 P 有限公司处至少从事了 10 年以上暴露于粉尘的工作,而从公平的观点出发,很难说由于在被告以外的地方从事过粉尘工作,就存在减轻被告责任的事由"。"因此,应该说,被告对于旧职员们罹患尘肺以及 O 死亡所造成的损害承担全额责任。"

6. 千叶尘肺诉讼判决

(1) 视角 3

"民法第 719 条第 1 款后段的规定,是证明责任的转换规定。当数人实施加害行为,即有可能导致损害发生的行为,而受害人发生损害,又不清楚由谁导致了该等损害时,从受害人保护的观点出发,推定加害人各自的行为与损害之间的因果关系,只要被告们各自无法证明自己的行为与损害之间不存在因果关系,就应使被告们承担连带责任。这里的连带责任的根据是,对于一个损害,当不容易判断数个加害人的哪一个行为具有因果关系时,很明显数个加害行为中的某一个与损害之间具有因果关系,在这种情况下,如果受害人无法特定并证明与损害具有因果关系的加害行为,就让其败诉,是不合理的做法,毋宁说,让加害人一方证明自己的加害行为与损害之间不存在因果关系是符合公平的。这样一来,就加害人各自的行为而言重要的是,导致损害发生的危险性,而不一定要求这些行为在时间与场所上的一体性。正如民法第 719 条第 1 款后段的规定被称为加害人不明的共同侵权行为,该规定本来应被视为适用于数个加害行为人中的某一个是加害人的情形,也就是数个加害行为中的某一个导致全部损害的情形,但是应该认为,该规定可以类推适用于当数个加害行为各自具有导致全部或部分损害发生的可能性,只是不清楚各自对于全部损害的作用比例的情形。原因在于,在损害确实已经发生的情况下,如果因为存在数个被认为对其发生起到了作用的加害行为,所以只要无法证明各个加害行为对于全部损害的比例,就让受害人败诉的做法,是不合理的,既然民法第 719 条第 1 款后段的规定,本来就被认为可以令加害人就全部因果关系的不存在承担证明责任,则令加害人就部分因果关系的不存在承担证明责任,并没有违背任何法理。"

从以上内容看出,本判决的意义在于以下几点。①首先,就加害人的行为而言,认为只要具有导致损害发生的危险性就足够了,不需要具有时间及场所上的一体性;②就民法第 719 条第 1 款后段,将属于"择一的损害引起"的情形作为其前提,并且明确"作用度不明"的情形也可以纳入适用的范围内;③将这一情形作为民法第 719 条第 1 款后段的类推适用问题。[198]

(2) 视角 4

关于本案,本判决讲到,"被告们(前田建设、住友煤炭矿业股份有限公司、三井矿山股份有限公司、青木建设股份有限公司),各自令三郎从事会吸入粉尘的工作,由此三郎罹患了尘肺",这种情况下,"对于基于侵权行为的请求,根据民法第 719 条第 1 款后段规定的类推适用,只要各被告不能证明三郎在各个岗位上从事劳动与全部或部分损害之间不存在因果关系,则各被告应对作为三郎继承人的原告们,连带地承担赔偿全部损害的责任,对于基于安全注意义务的请求,也可以理解为负有同样的赔偿责任。"

(3) 视角 5

本判决就民法第 719 条第 1 款后段进行了如下的适用(包括责任限定的抗辩)。首先来看关于后段的类推适用。"就本案来看,如上述一所看到的,被告们的行为各自产生了大量的粉尘,并且,如上述六所看到的,被告们为防止粉尘发生以及防止粉尘侵入体内等所采取的措施不够充分,另外,上述二可以看出,尘肺发病的机理在于,由于长期吸入粉尘的累积而发病。由此看来,三郎在任一被告的劳动场所的工作,都不能否定与三郎罹患尘肺之间有可能具有因果关系,但另一方面,原告一方又难以确定三郎在哪一被告的劳动场所的工作,与三郎罹患尘肺之间具有何种程度的因果关系,因此应该说,允许通过对民法第 719 条第 1 款后段规定的类推适用,推定被告们令三郎从事会吸入粉尘的工作与三郎罹患尘肺之间具有因果关系,只要被告无法证明三郎在自身工作场所的劳动与全部或部分损害之间不存在因果关系,就应对三郎所发生的全部损害承担责任。"

其次,对于被告们进行的责任限定的抗辩,做出如下判断。"被告们在抗辩中主张,三郎在被告们的工作场所的劳动与三郎罹患尘肺之间不存在因果关系(虽然被告们关于这一点的主张比较模糊,但还是将其理解为存在因果关系不存在这一主张。另外,被告三井矿山对其作用比例的抗辩、对类推适用大气污染防止法及水质污浊防止法的抗辩,最终都是落脚于主张不存在部分因果关系的抗辩,所以不再进行独立的判断),但即使综合全部证据,仍然不足以认定三郎在被告们各自的工作场所的劳动与三郎罹患尘肺之间不存在全部或部分因果关系。三郎在入职被告三井矿山时接受的 X 线直接透视中,被诊断为没有异常,但是从发病需要很长时间这一尘肺的特点来看,也不能认为三郎此前在被告前田建设以及被告住友煤炭的工作就与损害之间没有因果关系。的确,原告在被告前田建设以及被告三井矿山的工作时间很短,无法认定该等期间所吸入的粉尘与三郎的全部损害之间具有因果关系,但在加害人主张并证明不存在部分因果关系时,应该说需要主张并证明不存在因果关系的那部分损害的比例,而被告前田建设没有进行上述主张,被告三井矿山虽然主张该比例为 1%,但不存在足以认定三郎在被告三井矿山工作时所累积的粉尘与三郎的损害之间的因果关系仅仅达到这种程度的证据。"

五、责任限定类型的诸判决

7. 日铁尘肺诉讼第一审判决

(1) 民法第 719 条第 1 款后段的一般性定义(视角 3)

关于这一点,本判决在"原告们的尘肺疾患与被告们对粉尘劳动雇佣合同所附随的履行义务的违反之间的因果关系"这一项目中讲到,"被告们主张,对原告们的尘肺疾患而言,在松尾采石场以外的粉尘劳动岗位的粉尘吸入也产生了影响,在松尾采石场的粉尘吸入并非原因的全部,因此,被告们的责任应当根据原告们从事粉尘劳动的履历中在松尾采石场的劳动期间所占的比例来加以限制。因此,以下对这一点进行探讨。"并作出了以下阐述:"民法第 719 条第 1 款后段规定,'当无法得知共同行为人中由谁造成损害时',由共同行为人各自承担连带赔偿责任,这一条文可以理解为做了以下规定:对甲、乙等特定的数个行为人(以下以甲、乙两者表示)而言,如果各自满足了除因果关系以外的独立的侵权行为要件,很显然,受害人所遭受的损害,是由甲乙某一方的行为所引起的,但是可以考虑甲乙各自的行为发生了竞合,因此,无法特定现实中所发生的损害的一部分或全部系由谁的行为引起时(以下将上述特定的数个行为人或行为的关系称为'择一的损害引起关系'),以甲乙各自的行为具有单独引起损害的危险性,有可能构成现实中所发生损害的原因为要件,可以推定所发生的损害与甲乙各自的行为存在因果关系,只要甲或乙无法主张并证明自己的行为与损害之间部分不存在或完全不存在因果关系,则无法免除其部分或全部责任。这是因为,应该说该规定的宗旨是:当甲的行为与乙的行为之间存在择一的损害引起关系时,作为受害人而言,当甲或乙不存在违法行为时,虽然可以证明乙或甲的违法行为与损害之间存在因果关系,但如果认定甲或乙存在违法行为时,反而很难证明乙或甲的违法行为与损害之间存在因果关系,这明显有悖于受害人保护,所以为了救济受害人,规定只要甲乙各自的行为满足上前述要件,则在法律上推定甲乙各自的行为与损害之间存在因果关系。因此,作为甲或乙而言,只要自己的行为具有上述危险性,有可能构成损害发生的原因,则只是主张并证明乙或甲存在违法行为并不能进行免责,为了获得免责,还需要进一步主张并证明自己的行为与损害之间部分不存在或完全不存在因果关系。均负有以保护债权人的生命或身体为目的的债务的数个债务人对各自债务的不履行,在因果关系以外,满足了基于债务不履行的损害赔偿责任要件时,如果存在择一的损害引起关系,则有必要救济债权人。这一点与前述侵权行为的情况并无二致,因此对于基于债务不履行的损害赔偿责任,可以类推适用民法第 719 条第 1 款后段的规定。"在描述了一般性定义后,又将为了针对本案的具体适用所设定的中间性命题进行了一般化。"因此,对于不同时期在数个粉尘作业雇主(除了与粉尘作业劳动者直接签署雇佣合同的雇主以外,还包括被认为就上述劳动者而言,实质上雇佣其从事粉尘作业的雇主)的数个有可能吸入粉尘的场所从事劳动,结果罹患尘肺的劳动者,对于前述数个雇主中的一部分或全部,如果以粉尘作业雇佣合同所伴随的履行义务的违反为理由来寻求损害赔偿时,只要能够认定在前述数个场所中的每一个场所吸入粉尘都有可能造成现实中罹患的尘肺[例如,吸入粉尘的种类与实际上罹患的尘肺的种类之间相吻合等(例如,游离的硅酸与硅肺、石棉与石棉肺、滑石与滑石肺等)],则可以对该款的后段进行类推适用,推定劳动者罹患尘肺与前述数个雇主各自违反前述义务这一债务不履行之间存在因果关系,作为罹患尘肺的劳动者而言,即使无法证明其罹患尘肺与一部分雇主的前述债务不履行之间存在因果关系,只要能够主张并证明数个雇主各自的债务不履行具有现实上引起损害的危险性,有可能构成上述尘肺的原因,应该说就可以推定与各个雇主的债务不履行之间存在因果关系,只要雇主无法主张并证明自己的债务不履行与劳动者罹患尘肺之间部分不存在或完全不存在因果关系,则该等雇主就无法免除其部分或全部责任。"

作为限定责任的类型,在此对本判决进行了探讨,而在尘肺诉讼的判决例中,本判决是对民法第 719 条第 1 款后段进行一般性定义的判决,可以认为,其后的判决例在两种类型中将本判决作为了前提。已经在"连带责任类型"中讨论的判决例同样如此。

（2）视角 4

在这里，从事过粉尘作业的原告们，以各家被告公司（日铁矿业股份有限公司以及菅原工业无限公司）违反安全注意义务为理由请求损害赔偿时，追究其连带责任。

（3）视角 5

就像在"连带责任类型"中所讲到的，民法第 719 条第 1 款后段，①是在已经具备除因果关系以外的独立的侵权行为要件的情况下，②如果具有择一的损害引起关系，以③甲乙各自的行为具有单独引起损害的危险性并且④有可能构成现实中所发生损害的原因为要件，当满足这些要件时，就推定所发生的损害与甲乙各自的行为之间存在因果关系。因此，原告有必要主张并证明上述要件①—④，与此相对，如果被告要免除部分或全部责任，则甲或乙有必要主张并证明自身的行为与所发生的损害之间部分不存在或完全不存在因果关系。

以上述内容为前提，本判决对于"原告们的尘肺疾患与被告们对粉尘劳动雇佣合同所附随的履行义务的违反之间的因果关系"，进行了以下具体的认定。"被告们以原告们在松尾采石场以外的粉尘劳动岗位也从事过劳动为由，主张被告们的损害赔偿范围应限制在相应的限度内。但是，如前述所认定的，原告们的尘肺，均为由于吸入含有游离硅酸的粉尘所罹患的硅肺，吸入游离硅酸的含量超过 30% 的松尾采石场的粉尘会具有罹患硅肺的可能性，根据其吸入量，有可能导致原告们现在的症状，因此，虽然如被告们所主张的，原告们有其他的粉尘工作经历，具有在松尾采石场以外的场所吸入粉尘的危险性，但是应该说，原告们现实的症状与对前述各自义务的违反这一债务不履行之间的因果关系，可以通过民法第 719 条第 1 款后段的类推适用来进行法律上的推定，只要原告们无法进一步主张并证明自身的债务不履行与原告们现在的症状之间部分不存在或完全不存在因果关系，则无法免除其部分或全部责任。虽然被告们主张，原告们现在的症状与被告们对各自前述义务的不履行之间部分不存在因果关系，并提交了在劳动省劳动基准局所编纂的《劳动卫生指南》上所发表的《决定各行业尘肺健康管理划分的情况》,以作为证据,但是凭这一证据,并不能认定原告们现在的症状与被告们各自前述的债务不履行之间部分不存在因果关系,而且也不存在足以认定这一点的其他证据。因此,不能采纳被告们的前述主张。"

8. 日铁尘肺诉讼控诉审判决

本案的控诉审判决讲到,"五、本法院对于'第一审原告们的尘肺疾患与第一审被告们对粉尘劳动雇佣合同所附随的履行义务的违反之间的因果关系'的判断,与'原判决的理由说明'相同,因此予以引用"。因此,原判决在此只是指出其与原审判决的内容相同。

9. 日铁尘肺诉讼上诉审判决

本案上诉审判决的内容,如下所述,否定了被告对于责任限定的主张。"原审对于争论点的事实认定,对照原判决所展示的证据关系来看,足以首肯,在上述事实关系下,应该说,被上诉人是由于上诉人违反安全注意义务而罹患了尘肺,因此上诉人关于上诉人的责任应该加以限定的主张并不妥当。据此认定具有相同宗旨的原审的判断是妥当的。原判决并无上诉人所说的违法之处,前述判断与上诉人所引用的判例并不抵触。无法采用上诉人的主张。"

10. 伊王岛尘肺诉讼第一审判决

(1) 视角3

"民法第719条第1款后段规定,'当无法得知共同行为人中由谁造成损害时',由共同行为人各自承担连带赔偿责任,这一条文可以理解为做了以下规定:对甲、乙等特定的数个行为人(以下以甲、乙两者表示)而言,如果各自满足了除因果关系以外的独立的侵权行为要件,很显然,受害人所遭受的损害,是由甲乙某一方的行为所引起的,但是可以考虑甲乙各自的行为发生了竞合,因此,无法特定现实中所发生的损害的一部分或全部系由谁的行为引起时(以下将上述特定的数个行为人或行为的关系称为'择一的损害引起关系'),以甲乙各自的行为均具有单独引起损害的危险性,有可能构成现实中所发生损害的原因为要件,可以推定所发生的损害与甲乙各自的行为存在因果关系,只要甲或乙无法主张并证明自己的行为与损害之间部分不存在或完全不存在因果关系,则无法免除其部分或全部责任。这是因为,应该说该规定的宗旨为:当甲的行为与乙的行为之间存在择一的损害引起关系时,作为受害人而言,当甲或乙不存在违法行为时,虽然可以证明乙或甲的违法行为与损害之间存在因果关系,但如果认定甲或乙存在违法行为时,反而很难证明乙或甲的违法行为与损害之间存在因果关系,这明显有悖于受害人保护,所以为了救济受害人,规定只要甲乙各自的行为满足上述要件,则在法律上推定甲乙各自的行为与损害之间存在因果关系。因此,作为甲或乙而言,只要自己的行为具有上述危险性,有可能构成损害发生的原因,则只是主张并证明乙或甲存在违法行为并不能进行免责,为了获得免责,还需要进一步主张并证明自己的行为与损害之间部分不存在或完全不存在因果关系。"

通过以上内容可以看出,本判决对于民法第 719 条第 1 款后段的定义为:其规定了,在"择一的损害引起关系"的场合,以①"甲乙各自的行为具有单独引起损害的危险性",并且②"有可能构成现实中所发生损害的原因为要件,可以推定所发生的损害与甲乙各自的行为之间存在因果关系",以及③甲或乙为获得免责,"需要主张并证明自己的行为与损害之间部分不存在或完全不存在因果关系"。

(2) 视角 4

在这里,在原告与被告之间,依据在其他地方的粉尘劳动经历的责任限定成为问题。也就是说,"原告等旧员工之中,记载于附件 4《在其他地方的粉尘劳动经历一览表 1》的人,因为具有该表所记载的粉尘劳动经历,因此被告们所应承担的损害的比例,应该限定在该表中'被告的承担比例'一栏所记载的比例","即使本案中的损害赔偿义务无法被认定为可分性债务,也应该根据劳动时间的长短来确定数个雇主的责任比例,该等情形下,被告所应承担的比例,应为附件 5《在其他地方的粉尘劳动经历一览表 2》的'被告的承担比例'一栏所记载的比例。"对于这一主张,原告们主张"以安全注意义务违反为依据的损害赔偿请求,也应类推适用民法第 719 条第 1 款后段,因此，只要被告们无法主张原告等旧员工罹患尘肺与被告们的债务不履行之间部分不存在或完全不存在因果关系，则被告承担赔偿原告等旧员工全部损害的责任，被告所主张的责任限定不应被承认。"

(3) 视角 5

关于本案，本判决进行了以下认定，以被告没有对因果关系进行证明为由，否定了责任限定。"(二)基于以上事实进行判断，在前述各种工作当中，原告宇都重德所从事的收尘工作，原告大田利守雄所从事的锻造工作以及熔接辅助工作，原告田中丰、原告本田胜雄以及已死亡的旧原告本田昌幸所从事的涂装工作，原告宫崎贞雄所从事的轮机员助理，原告山口惣次郎所从事的船体防水工作，从其工作内容、工作的实际情况以及工作期间等来看，均无法认定具有使该等原告等旧职员罹患或加重其所实际罹患的尘肺的危险性。同样，对于原告原三作在煤矿从事的掘进工作，原告宫崎正司以及已死亡的石川清文在煤矿所从事的工作，前述各种工作，属于与本案一样的煤矿工作，由此很难否定前述各种作业具有发生粉尘以及吸入粉尘的可能性，但尤其是对照工作期间，无法认定上述工作具有使该等原告等旧职员罹患或加重其所实际罹患的尘肺的危险性。与此相对，原告宫古春松所从事的熔接工作，原告广濑迹、原告堀川武治、原告沟田胜义以及已死亡的旧原告山元秋夫在煤矿所从事的工作(对于已死亡的旧原告山元秋夫，还包括隧道工程)，对照其工作内容以及工作期间等来看，可以推定导致该等原告等旧职员罹患或加重其所实际罹患的尘肺的危险性很高(特别是，已死亡的旧原告山元秋夫本人曾做过陈述，其在被告那里工作了大概 3 年以后，也就是从 1965 年开始，已开始出现呼吸困难)。但是，关于上述各种工作的粉尘程度、各个工作场所的防尘对策的有无及其程度，没有明确的证据，并且，没有明确的证据证明，上述各原告等旧职员是由于从事了前述各种粉尘工作而发生了固有的损害。如此一来，不得不说，关于前述各原告等旧职员，被告的证明未能明确其部分或全部损害与被告不履行安全注意义务之间没有因果关系。(三)因此，就任一原告等旧职员而言，均不得以其在其他粉尘单位工作过为理由，而对被告的赔偿责任进行限定。"

11. 伊王岛尘肺诉讼控诉审判决

"四、关于争论点 4（依据在他处的粉尘工作经历而进行责任限定），本法院亦判定，在本案的事实关系下，可以就基于债务不履行的损害赔偿责任，类推适用有关侵权行为的民法第 719 条第 1 款后段的规定，从而驳回一审被告依据在他处的粉尘工作经历而进行责任限定的主张。"

12. 伊王岛尘肺诉讼上诉审判决

"原审对于争论点的事实认定，对照原判决所展示的证据关系来看，足以首肯，在上述事实关系下，应该说，被上诉人等旧职员是由于上诉人违反安全注意义务而罹患了尘肺，因此上诉人关于上诉人的责任应该加以限定的主张并不妥当。对于具有相同宗旨的原审的判断应予以肯定，原判决并无上诉人所说的违法之处，无法采纳上诉人的主张。"据此否定了被告（上诉人）的责任限定。

13. 筑丰尘肺诉讼第一审判决

(1) 民法第 719 条第 1 款后段的一般性定义（视角 3）

"民法第 719 条第 1 款后段规定，'当无法得知共同行为人中由谁造成损害时'，由共同行为人各自承担连带赔偿责任，这一条文可以理解为做了以下规定：对特定的数个加害人而言，如果各自满足了除因果关系以外的独立的侵权行为要件，很显然，受害人所遭受的损害，是由加害人的某一行为所引起的，但是可以考虑上述加害人的各个行为作为原因而发生了竞合，因此，无法特定现实中所发生的损害的一部分或全部系由谁的行为引起时（以下将上述特定的数个加害人或行为的关系称为'择一的损害引起关系'），以上述加害人各自的行为具有单独引起损害的危险性，有可能构成现实中所发生损害的原因要件，可以推定所发生的损害与加害人各自的行为存在因果关系，只要加害人无法主张并证明自己的行为与损害之间部分不存在或完全不存在因果关系，则无法免除其部分或全部责任。这是因为，应该说该规定的宗旨为：当特定的数个加害人的行为之间存在择一的损害引起关系时，作为受害人而言，如果不存在某个违法行为时，可以证明另外的违法行为与损害之间存在因果关系，但如果认定一方存在违法行为时，反而加重了主张与证明责任,难以证明另一方的违法行为与损害之间存在因果关系,这明显有悖于受害人保护,所以为了救济受害人,规定只要加害人各自的行为满足上前述要件,则在法律上推定加害人各自的行为与损害之间存在因果关系。因此,作为加害人中的另一方而言,只要自己的行为具有上述危险性,有可能构成损害发生的原因,则只是主张并证明一方存在违法行为并不能进行免责,为了获得免责,还需要进一步主张并证明自己的行为与损害之间部分不存在或完全不存在因果关系。"

(2) 视角4

本判决将上述民法第719条第1款后段的解释与适用作为问题。"本案的职员中,有人在六家被告公司(注:三井矿山股份有限公司、三井石炭矿业股份有限公司、三菱材料股份有限公司、住友石炭矿业股份有限公司、古河机械金属股份有限公司、日铁矿业股份有限公司)以外的粉尘场所工作过,在这些地方的粉尘吸入,是否有可能构成本案中职员发生或加重尘肺的原因,成为该等原因的可能性的有无及程度成为问题,于是六家被告公司,如后所述(第八章第一),主张以其他场所的粉尘工作经历为由进行责任限定"。

(3) 视角5

这里也从上述民法第719条第1款后段的一般性定义出发,认为:原告对于①各个行为在因果关系以外单独满足侵权行为要件,②存在择一的损害引起关系,③被害人各自的行为具有单独引发损害的危险性并且④有可能构成现实中所发生的损害的原因,这几点负有主张及证明责任,与此相对,加害人只要无法主张并证明自己的行为与所发生的损害之间部分不存在或完全不存在因果关系,就无法被免除部分或全部责任。

另外,关于民法第719条第1款后段对于本案的适用,判决所述如下。"从本案来看,如前述认定说理部分所述,六家被告公司各自的债务不履行与本案的职员们罹患尘肺之间存在因果关系(也就是说,足以认定六家被告公司前述的各自债务不履行,具有引发本案中的职员们现实中所罹患的尘肺的危险性,有可能构成前述尘肺的原因),至于本案中的职员们在其他场所的工作经历,即使能够根据该等粉尘工作经历的内容、就业期间的长度、该等雇主违反安全注意义务的样态等,认定具有引发本案中的职员们现实中所罹患的尘肺的危险性,六家被告公司要免除前述职员们因为罹患尘肺所遭受的损害的赔偿责任的部分或全部,需要主张并证明各自的债务不履行与该等职员们罹患尘肺之间部分不存在或完全不存在因果关系。因此,六家被告公司的主张不予采纳。"

"因此,对于本案中在其他场所从事过粉尘工作的职员们,接下来探讨在各个场所的粉尘工作经历,是否具有引发该等职员现实上所罹患的尘肺的危险性,以及在能够予以认定的情况下六家被告公司的责任范围。在其他场所的粉尘工作经历,就被告日铁而言,如附表 2 的 54《有限责任一览表(被告日铁)(1)(2)》所记载,就其余五家被告公司,如附册《个别主张及认定的合集》所记载。不过,其中分为辗转于数个煤矿工作的人(当时通称为'迁徙矿工')以及在完全不同工种的场所工作的人。""关于后者,303 号原告绳田义美(铜版研磨工)、317 号原告手岛孝(铸工)、405 号原告桑原正雄(制铁公司的机动班)、已死亡的 413 号原告田中三郎(隧道工程主任技术员)等职员,对照其工作内容、工作样态以及工作期间等来看,无法认定具有导致发生或加重该等职员现实上所罹患的尘肺的危险性。""就前面的迁徙矿工而言,由于这些人从事的工作内容是相同的,如前所述,关于工作的样态,粉尘产生、飞散、控制的程度及状况,防尘对策的有无及程度,可以发现与本案中六家被告公司的情况几乎没有差别,因此必须承认具有引发该等职员们现实上所罹患的尘肺的危险性,在该等情况下,如果能够确认在六家被告公司从事粉尘作业的工作时间要远远短于在其他煤矿,或者六家被告公司采取的防尘对策要好于其他煤矿等特别情况,则应该说,六家被告公司的债务不履行与本案中职员们罹患尘肺之间部分不存在或完全不存在因果关系。那么,通过个别探讨有无上述特别情况可以发现,对于已死亡的 119 号原告高木佐一在被告日铁的工作、已死亡的 181 号原告江藤正信在被告古河的工作、304 号原告麻生熊次郎在被告三井矿山的工作、308 号原告山崎富夫在被告日铁的工作而言,在各个被告的粉尘作业的劳动时间与粉尘作业的整体劳动时间相比极短,另外再对照所从事的工作的工种、内容,工作的时期以及发生尘肺的时期等来看,可以否定各个被告的债务不履行与本案中的职员们罹患尘肺之间的全部因果关系。另一方面,对于其余的原告,无法确认足以否定前述部分或全部因果关系的情况,因此各个被告关于这一点的主张是没有理由的。"

14. 筑丰尘肺诉讼控诉审判决

(1) 民法第 719 条第 1 款后段的一般性定义(视角 3)

"民法第 719 条第 1 款后段规定,'当无法得知共同行为人中由谁造成损害时',由共同行为人各自承担连带赔偿责任,这一条文可以理解为做了以下规定:对特定的数个加害人而言,如果各自满足了除因果关系以外的独立的侵权行为要件,很显然,受害人所遭受的损害,是由加害人的某一行为所引起的,但是可以考虑加害人各自的行为发生了竞合,因此,无法特定现实中所发生的损害的一部分或全部系由谁的行为引起时(以下将上述特定的数个加害人或行为的关系称为'择一的损害引起关系'),以上述加害人各自的行为具有单独引起损害的危险性,有可能构成现实中所发生损害的原因为要件,可以推定所发生的损害与加害人各自的行为存在因果关系。一审中的三家被告公司主张,要适用该款的后段,应以共同行为人之间具有时间或场所上的同一性为前提,以客观关联共同性或与之相似的共同性为要件,但是应该认为,即使不存在时间及场所上的同一性等,只要从结果上来看对于某一损害的发生具有参与,就可以视为共同行为人,不需要再附加除此以外的要件。只要加害人无法主张并证明自己的行为与损害之间部分不存在或完全不存在因果关系,则无法免除其部分或全部责任。这是因为,应该说该规定的宗旨为:当特定的数个加害人的行为之间存在择一的损害引起关系时,作为受害人而言,如果不存在某个违法行为时,可以证明另外的违法行为与损害之间存在因果关系,但如果认定一方存在违法行为时,反而加重了主张与证明责任,难以证明另一方的违法行为与损害之间存在因果关系,这明显有悖于受害人保护,所以为了救济受害人,规定只要加害人各自的行为满足上述要件,则在法律上推定加害人各自的行为与损害之间存在因果关系。因此,作为加害人中的另一方而言,只要自己的行为具有上述危险性,有可能构成损害发生的原因,则只是主张并证明一方存在违法行为并不能进行免责,为了获得免责,还需要进一步主张并证明自己的行为与损害之间部分不存在或完全不存在因果关系。而在本案中,在数个粉尘场所的暴露能够评价为'绝对暴露'时,可以说就符合这一点。"

其次,将"重合性竞合的情形"作为问题进行了如下阐述。"尘肺的场合,如上所述,除了可以评价为'绝对暴露'的情况外,还存在虽然无法否定叠加性影响,但很难认为可以单独引发尘肺,或者说单独引发尘肺极为罕见这种情况的短时间、少量的暴露(叠加性暴露)。在这种情况下,由于不满足上述要件,因此很难说可以适用该条后段。但是,即使该行为无法单独引发损害,但如果能够确认相互叠加的话会引发损害的情况(这种情况称为'重合性竞合')下,让这些加害人免责,将责任仅仅集中在主要的加害人身上,或者说不存在主要加害人的情况下,受害人将完全无法得到救济,这一情况与侵权行为法的理念相对照,应该说是不妥当的。因此,即使在重合性竞合的情况下,只要满足了一定的要件,仍可以认可该条后段的类推适用。那么,作为其要件,应认为,需要数个行为相互累积而引发了损害(客观共同),并且各个行为人认识到其他人的相同行为,或者至少认识到与自身行为相同的行为经过累加,有引发损害的危险(主观要件)。在这种情况下,可以认为,加害人可以通过主张并证明自己行为的参与比例,来寻求责任的限定。"

本判决在内容上具有以下特征。首先,为适用民法第719条第1款后段,"共同行为人"之间无需存在时间及场所上的同一性等,只要"从结果上而言对某一损害的发生具有参与"就可以了,"不需要附加除此以外的要件"。其次,将民法第719条第1款后段的适用作为"绝对暴露"的情形,而在"叠加性暴露"也就是重合性竞合的情况下,则将该条款后段的类推适用作为问题。

(2) 视角4

在控诉审中,第一审的六家被告公司中,有三家提出了控诉。在三家被告公司的主张中,有关民法第 719 条第 1 款后段的解释与适用的部分,如下所述。①"对于一审中仅对部分损害造成原因的三家被告公司而言,要追究其对于全部损害的责任,需要证明仅仅由一审中的三家被告公司的行为引发了全部损害",②"即使允许类推适用,由于一审中的三家被告公司与其他粉尘企业之间不存在任何的关联共同性,因此不存在以该条为根据的责任。"③"即使承认该条第一款后段的适用,也应当承认以粉尘工作经历的期间为基准的责任减免(责任限定)。"

(3) 视角 5

本判决对于原告及被告的主张及证明责任的内容,与此前的判决是一样的。此外,本判决中还将叠加性暴露即重合性竞合的情况作为了问题。在该等情况下,加害人如果要寻求责任限定,就必须主张并证明自己行为的参与比例。以上述为前提,来判断能否承认民法第 719 条第 1 款后段的类推适用。也就是说,"在本案的情况下,可以认为煤矿企业认识到了尘肺的原因以及发病机理,对于转职的人,也清楚其在粉尘场所的工作经历,对于已经退职的人,也可能预想到其还会在其他粉尘场所工作,因此应该说满足了类推适用该条后段的条件",由此肯定了民法第 719 条第 1 款后段的类推适用。

15. 长崎日铁尘肺诉讼第一审判决

(1) 民法第 719 条第 1 款后段的一般性定义(视角 3)

"民法第 719 条第 1 款后段规定,'当无法得知共同行为人中由谁造成损害时',由共同行为人各自承担连带赔偿责任,这一条文可以理解为做了以下规定:对甲、乙等特定的数个行为人(以下以甲、乙两者表示)而言,如果各自满足了除因果关系以外的独立的侵权行为要件,很显然,受害人所遭受的损害,是由甲乙某一方的行为所引起的,但是可以考虑甲乙各自的行为发生了竞合,因此,无法特定现实中所发生的损害的一部分或全部系由谁的行为引起时(以下将上述特定的数个行为人或行为的关系称为'择一的损害引起关系'),以甲乙各自的行为具有单独引起损害的可能性,有可能构成现实中所发生损害的原因为要件,可以推定所发生的损害与甲乙各自的行为存在因果关系,只要甲或乙无法主张并证明自己的行为与损害之间部分不存在或完全不存在因果关系,则无法免除其部分或全部责任。因此,作为甲或乙而言,只要自己的行为具有上述危险性,有可能构成损害发生的原因,则只是主张并证明乙或甲存在违法行为并不能进行免责,为了获得免责,还需要进一步主张并证明自己的行为与损害之间部分不存在或完全不存在因果关系。"本判决与此前将民法第719条第1款后段的适用作为问题的判决的一般定义的内容相同。

（2）视角4

本案属于被告以原告的其他粉尘工作经历为理由而主张责任限定的情形。

（3）视角5

有关原告与被告的主张及证明责任的内容,与此前的判决例相同。以下是对本案进行适用的内容。"从本案来看,如四之6所认定的,能够认定被告等的债务不履行与本案中在其他场所从事过粉尘劳动的职员们罹患尘肺之间存在因果关系（也就是说,能够认定被告等的债务不履行,具有引发旧职员等原告们现实中所罹患的尘肺的危险性）,至于本案中的职员们在其他场所的工作经历,即使能够根据该等粉尘工作经历的内容、就业期间的长度、该等雇主违反安全注意义务的样态等,认定具有引发本案中的职员们现实中所罹患的尘肺的危险性,被告要免除在其他场所从事过粉尘劳动者因为罹患尘肺所遭受的损害的赔偿责任的部分或全部,需要主张并证明各自的债务不履行与上述九位职员罹患尘肺之间部分不存在或完全不存在因果关系。但是,关于这一点,就本案中在其他场所从事过粉尘劳动的任何一人而言,均不能说存在前述证明。[即使是就被告主张上述因果关系应予全部否定的原告黑木岩及原告藤井诚而言,仅仅是在与上述两位原告差不多相同的期间于被告处工作的原告岩崎英也（该原告虽然也有过与被告等无关系的粉尘工作经历,但时间极短）,也受到了管理四的认定,由此看来,全部的因果关系自不必说,即使是有关不存在部分因果关系的证明,也不能说是存在]。"

16. 秩父尘肺诉讼控诉审判决

在本案当中，被告"主张，患者黑泽原告、田村原告、土屋原告、真真田原告及小森原告，在一审被告 Nichitsu 于 1953 年 8 月设立以前，受雇于日窒矿业开发或日本窒素肥料股份有限公司从事过矿山劳动，根据前述一之 5 的认定，真真田原告从一审被告 Nichitsu 辞职后，自 1974 年 7 月到 1976 年 2 月期间，作为三扇土木的职员从事过矿山劳动，一审被告 Nichitsu 主张，一审被告 Nichitsu 与日窒矿业开发是完全不同的公司，一审被告 Nichitsu 不会承继日窒矿业开发的损害赔偿义务，由于同其他这些公司之间也不成立共同侵权行为，因此应当根据所起的作用减少赔偿金额"。对此，本判决判定，"如前述一之 5 所述，患者黑泽原告、田村原告、土屋原告、真真田原告及小森原告罹患尘肺及症状加重，系作为一审被告 Nichitsu 的职员或一审被告 Nichitsu 的承包单位的职员从事过矿山劳动，以及在此前后于日窒矿业开发、日本窒素肥料股份有限公司或三扇土木从事矿山劳动共同起作用而产生的损害，可以理解为应适用民法第 719 条第 1 款后段，而一审被告 Nichitsu 违反安全注意义务对于上述作为患者的原告们遭受损害所起的作用有多大，无法予以确定，因此只能说，一审被告 Nichitsu，应就上述作为患者的原告所产生的全部损害承担赔偿责任。"

17. 日本制铁等尘肺诉讼第一审判决

（1）民法第 719 条第 1 款后段的一般性定义（视角 3）

"民法第 719 条第 1 款后段规定，在侵权行为的场合，'当无法得知共同行为人中由谁造成损害时'，由共同行为人各自承担连带赔偿责任，这是从受害人保护的观点而对事实因果关系进行推定，将其主张及证明责任转移给加害人。那么，从这一规定的宗旨出发，当由于并非共同行为人的数个加害人的侵权行为而对受害人造成一个不可分割的结果时，如果对于该结果各自的行为存在均具有相当因果关系这一关系时，则应适用该条[①]。"本判决引用了本章第一节开头部分提到的最高裁平成 13 年 3 月 13 日判决（以

---

① 参考最高裁平成 13 年 3 月 13 日判决·民集 55 卷 2 号 328 页。

下简称"平成13年判决"),扩张了民法第719条第1款后段中"共同行为人"的范围,其特征在于,认为"当由于并非共同行为人的数个加害人的侵权行为而对受害人造成一个不可分割的结果时,如果对于该结果各自的行为存在均具有相当因果关系这一关系时",则应予以适用。

(2) 视角4

本案中的被告是承继了嘉穗矿业、长崎矿业及嘉穗长崎矿业的权利义务的公司,其主张,"即使被告对本案中的职员们罹患尘肺病患负有损害赔偿责任,当原告无法证明其全部损害系由被告的作为或不作为所引起时,作为可分性债务,应适用民法第427条,因此对于具有其他粉尘工作经历的本案中的职员们,应根据其工作过的职场(企业等)的个数来平均分担损害金额。""即使并非可分性债务,也应按照本案中职员们在粉尘职场(企业等)的工作期间来计算责任比例,据此分担损害金额。"对此,原告们的主张为,"即使如本案这样基于安全注意义务的违反而主张的损害赔偿请求,也应类推适用民法第719条第1款后段,无论本案中的职员们的工作期间如何,被告应就其全部损害承担赔偿责任。"

(3) 视角5

从上述一般性定义来看,由于是有关事实因果关系的推定性规定,因此被告若能证明自身的因果关系的不存在,即可获得责任的减免。但是,本判决对于上述一般性定义对于本案的适用,认为"被告应就上述本案中的职员们所遭受的损害的全部金额承担连带责任(参考前述平成13年判决),不存在将被告的损害赔偿义务作为可分性债务的余地。另外,也不能说被告就上述事实因果关系的不存在尽到了证明责任",据此否定了这一点。

18. 日本制铁等尘肺诉讼控诉审判决

(1) 民法第719条第1款后段的一般性定义(视角3)

"民法第719条第1款后段规定,在侵权行为的场合,'当无法得知共同行为人中由谁造成损害时',由共同行为人各自承担连带赔偿责任,这是从受害人保护的观点而对事实因果关系进行推定,将其主张及证明责任转移给加害人。那么,从这一规定的宗旨出发,当由于并非共同行为人的数个加害人的侵权行为而对被害人造成一个不可分割的结果时,如果对于该结果各自的行为存在均具有相当因果关系这一关系时,则应适用该条(参照平成13年判决)。"到此为止,这与本案一审判决(日本制铁等尘肺诉讼第一审判决)相同。本判决对于违反安全注意义务的情况下对民法第719条第1款后段予以类推适用的前提,进一步描述如下。"另一方面,本案是以安全注意义务违反为理由而追究债务不履行责任的案件,在这一损害赔偿请求中,请求损害赔偿的受害人承担将安全注意义务的内容予以特定,并且主张并证明违反义务的事实的责任①,其主张及证明责任、责任竞合的逻辑构造以及此时应予考量的利益状况,与上述侵权行为的情况没有任何不同,存在民法第719条这样的规定可以说理所应当,但我国民法中并未就依据债务不履行的损害赔偿请求权设置这样的规定,因此如原判决的说理部分所述,为填补法律空缺,应解释为可类推适用民法第719条后段,因此,在不同时间及场所、在数个雇主下从事粉尘劳动结果罹患尘肺的劳动者,在对数个雇主中的一部分,以其违反了基于劳动合同的安全注意义务为理由而寻求损害赔偿时,只要能够认定,在数个职场中的粉尘暴露等有可能导致罹患现实中所罹患的尘肺时,应该说就可以推定劳动者罹患尘肺与数个雇主各自的债务不履行之间的因果关系,因此作为罹患尘肺的劳动者,即使无法证明其罹患尘肺与其请求赔偿的一部分雇主的债务不履行之间的因果关系,但只要主张并证明,数个雇主各自的债务不履行造成了影响,具有导致罹患现实中所罹患的尘肺的危险性,有可能构成该等尘肺的原因时,就应当推定与各个雇主的债务不履行之间的因果关系,雇主只要无法作出自身的债务不履行与劳动者罹患尘肺之间不存在因果关系的反证,应该说就无法免除其责任。"

本判决的新颖之处在于,"在不同时间及场所、在数个雇主下从事粉尘劳动结果罹患尘肺的劳动者,在对数个雇主中的一部分,以其违反了基于劳动合同的安全注意义务为理由而寻求损害赔偿时,只要能够认定,在数个职

---

① 参考最高裁昭和56年2月16日判决·民集35卷1号56页。

场中的粉尘暴露等有可能导致罹患现实中所罹患的尘肺时,应该说就可以推定劳动者罹患尘肺与数个雇主各自的债务不履行之间的因果关系,因此作为罹患尘肺的劳动者,即使无法证明其罹患尘肺与其请求赔偿的一部分雇主的债务不履行之间的因果关系,但只要主张并证明,数个雇主各自的债务不履行造成了影响,具有罹患现实中所罹患的尘肺的危险性,有可能构成该等尘肺的原因时,就应当推定与各个雇主的债务不履行之间的因果关系。"

(2) 视角 4

此处存在主张:应就作为被告的承包人而从事劳动的人员中的短期劳动者,进行责任的限定。"根据很早就有的医学观点,3 年程度的矿内劳动不可能罹患尘肺,因此,在第一审被告处的粉尘暴露期间未满 5 年的情况下,从损害的公平分担的观点来看,应当说可以寻求对第一审被告的责任限定。①第一审原告 P16 在第一审被告处的粉尘作业期间仅为 3 年 6 个月,而在其他公司的粉尘作业期间有 6 年 4 个月,因此,第一审被告所应承担的损害金额,应该说最大也应在第一审原告 P16 所产生的损害的三分之二以下。②第一审原告 P28 作为第一审被告伊王岛矿业所直接管理的职员从事劳动的时间为 3 年 7 个月,与此相对,在其他公司的粉尘工作经历为 14 年 6 个月,对于其中作为第一审被告的承包人而从事劳动的 7 年 4 个月,亦不存在第一审被告应予承担的责任,因此,作为第一审被告应承担的损害金额,应对第一审原告所发生的损害金额的其中一部分予以扣除。"

(3) 视角 5

关于主张及证明责任,本判决的立场为,"在能够主张并证明数个雇主各自的债务不履行相互影响,具有有可能导致罹患现实中所罹患的尘肺的危险性,有可能构成该等尘肺的原因的情况下,则推定尘肺与各个雇主的债务不履行之间的因果关系。"以此为前提,本判决对于本案的适用,如下所述。"被告主张,根据很早就有的医学观点,3 年程度的矿内劳动不可能罹患尘肺,因此,在第一审被告处的粉尘暴露期间未满 5 年的情况下,从损害的公平分担的观点来看,应当说可以寻求对第一审被告的责任限定。然而,暂且不论在一般情况下,对民法第 719 条第 1 款后段进行适用或类推适用时,对于对结果的作用程度显著较小的当事人,应考虑其作用的程度而对其责任进行限定这一可能出现的情况,不过仅从尘肺的发病期间来看,很明显有各种意见或见解,对于第一审被告所主张的'3 年程度的矿内劳动不可能罹患尘肺'属于已确立的医学知识这一点,未必可以说存在支撑这一点的确切资料。""即使从原判决所说明的尘肺病患的原因及发生机理方面的知识等(特别是,尘肺病变及症状加重的程度及速度,由于个人因素的不同会呈现多样性)来看,在第一审被告处的粉尘暴露期间未满 5 年的情况下,仅凭这一点就直接认可对第一审被告的责任进行限定的做法,则应该说,即使考虑损害的公平分担,该做法仍非妥当。能否认可对第一审被告的责任进行限定,不应该仅仅主张并证明在该等雇主(第一审被告)处暴露于粉尘的期间,还应该通过主张并证明包括在其他公司暴露于粉尘的期间、程度以及与这些工作经历的对比等情况,能否评价为第一审被告对于该等劳动者罹患尘肺的作用程度显著较小,来进行判断。"

"(2)(关于第一审原告 P28,即 1—4 号原告)第一审被告主张,第一审原告 P28 作为第一审被告伊王岛矿业所直接管理的职员从事劳动的时间为 3 年 7 个月,与此相对,在其他公司的粉尘工作经历为 14 年 6 个月,对于其中作为第一审被告的承包人而从事劳动的 7 年 4 个月,亦不存在第一审被告应予承担责任的理由,因此,作为第一审被告应承担的损害金额,应对第一审原告所发生的损害金额的其中一部分予以扣除。""经认定,第一审原告 P28 自中学毕业后,先后担任过日用杂货店售货员、木工等职务,并自 1963 年 8 月开始,在第一审被告伊王岛矿业所处,截至 1966 年 7 月,作为昭荣土建的职员从事修复(1963 年 8 月至 1963 年 11 月)及掘进(1963 年 12 月至 1966 年 7 月)工作,自 1967 年 6 月至 1968 年 1 月期间,作为共立工业的职员从事坑内工作,自 1968 年 1 月至 1971 年 8 月期间,作为第一审被告的职员从事修复(1968 年 1 月至 2 月)及掘进(1968 年 2 月至 1971 年 8 月)工作,此后,除从事过制钢所的机器监视员、模板木工、汽车及其零部件的装配等工作外,粉尘工作还有:1980 年 2 月至 1986 年 12 月期间,在高岛煤矿从事过修复及采煤预备工作的验收,自1988年6月至1989年1月及1992年10月至1996年2月期间,在池岛矿业所从事过掘进及坑内机械的搬运等各种工作。其中,就昭荣土建及共立工业而言,关于其职员与第一审被告的关系,如原判决所说明的,应该说与第一审被告之间,均为类似于雇佣关系的一种实质的支配从属关系,应该说,第一审被告除了对第一审原告P28作为第一审被告直接管理的职员从事劳动的期间外,还应对其作为昭荣土建及共立工业的职员从事劳动的全部期间,对第一审原告P28负有安全注意义务。如此一来,第一审被告未对第一审原告P28履行安全注意义务,致使第一审原告P28暴露于粉尘的期间,已经合计超过7年,因此即使考虑上述在其他公司的粉尘工作经历(虽然合计超过10年多,但与在第一审被告处从事工作的时期相比,均为尘肺预防对策等被认为已相当进步的最近的时期),应该说不存在对第一审原告所发生的损害金额的其中一部分予以扣除的根据,因此被告的上述主张并无理由。"

"(3)(关于第一审原告P16,即2—1号原告)第一审被告主张,第一审原告P16在第一审被告处的粉尘作业期间仅为3年6个月,而在其他公司的粉尘作业期间有6年4个月,因此,第一审被告所应承担的损害金额,应该说最大也应在第一审原告P16所产生的损害的三分之二以下。""经认定,第一审原告P16从普通高小毕业后,从事过渔夫、起重机司机、起重机挂钩工,并于1958年或1959年9月前后至1964年3月前后,在日南矿业股份有限公司的竹竹迫煤矿,1964年3月前后至1965年1月前后,在小松矿业的小松煤矿,均主要从事掘进工作,此后,于1965年3月前后至1968年9月期间,在第一审被告伊王岛矿业所从事掘进工作,此后直至1982年,从事定置网捕鱼工作。如此一来,第一审原告P16从事粉尘工作的时间合计不足10年,首先在其他公司从事了大约五六年左右的粉尘工作后,继续在第一审被告处从事了大约3年半的粉尘工作,其所从事的工作本身为坑内的掘进作业,在各种粉尘作业中,其也属于粉尘发生量及粉尘暴露量较多的工作,第一审原告P16在第一审被告处的掘进工作,与在其他公司的工作相比,其工作量要多出三四倍,""由此可以知晓,其相应更多地暴露于粉尘中,在通风及防尘面罩佩戴等保安或工作环境的比较方面,并没有资料能够表明上述其他公司比第一审被告更加草率及恶劣,另外,其他公司的工作环境更加恶劣这一点,也不能通过第一审原告 P16 尘肺的发病时间(从第一审被告退职后已经过去 30 年的 1998 年 9 月,受到了管理 3 的决定)来予以证实。由此看来,尽管第一审原告 P16 在第一审被告处的粉尘暴露期间约为 3 年半,但从其工作内容来看,其具有单独就可引发尘肺的危险性,或者至少不能否定其具有单独就可引发尘肺的可能性,从与其他公司处的粉尘暴露期间以及工作内容的比较来看,应该说不足以评价为,第一审被告对于第一审原告 P16 罹患尘肺的作用程度显著较小。如此一来,针对第一审被告上述所主张的,第一审被告所应承担的损害金额,应该说最大也应在第一审原告 P16 所产生的损害的三分之二以下这一点,不得不说无法予以采纳。"

19. 三井松岛尘肺诉讼判决

(1) 民法第 719 条第 1 款后段的一般性定义(视角 3)

"民法第 719 条第 1 款后段规定,'当无法得知共同行为人中由谁造成损害时',由共同行为人各自承担连带赔偿责任,这一条文可以理解为做了以下规定:对特定的数个加害人而言,如果各自满足了除因果关系以外的独立的侵权行为要件,很显然,受害人所遭受的损害,是由加害人的某一行为所引起的,但是可以考虑加害人各自的行为发生了竞合,因此,无法特定现实中所发生的损害的一部分或全部系由谁的行为引起时,以上述加害人各自的行为具有单独引起损害的危险性,有可能构成现实中所发生损害的原因为要件,可以推定所发生的损害与加害人各自的行为存在因果关系,只要加害人无法主张并证明自己的行为与损害之间部分不存在或完全不存在因果关系,则无法免除其部分或全部责任。""尘肺的情况下,根据粉尘暴露的量以及期间,存在能够认定具有单独引发现在的症状的危险性(绝对暴露)及无法作出该等认定(无法认定具有单独引发现在的症状的危险性,但能够评价为,与其他粉尘暴露一起,对于尘肺的发病或恶化起到了作用)的情况,但应该说,上述说理不仅适用于绝对暴露,对于后者也是妥当的。因此,作为加害人而言,只要自己的行为具有上述危险性,有可能构成损害发生的原因,则只是主张并证明另一方存在违法行为并不能进行免责,为了获得免责,还需要进一步主张并证明自己的行为与损害之间部分不存在或完全不存在因果关系。此外,在评价为绝对暴露的情况下,加害人能够证明自己的行为与损害之间部分不存在或完全不存在因果关系的情况,很难想象到除了诸如入职前已罹患重度尘肺这类情况以外的情况。另一方面,考虑到上述共同侵权行为的适用,是在事实因果关系不明的情况下认定加害人对结果承担责任,因此对于单独引发尘肺难以想象或实属罕见的短时间的、少量的暴露的情况下,加害人可以主张并证明自己行为的作用比例,以寻求责任的限定。"

此外,本判决在肯定民法第 719 条第 1 款后段对于违反安全注意义务这一情形的适用后,关于对于该等情形的一般性要件,做了以下阐述。"在不同时间及场所、在数个雇主下从事有可能吸入粉尘的工作的,结果罹患尘肺的劳动者,在对数个雇主中的一部分或全部,以其违反了基于劳动合同的安全注意义务为理由而寻求损害赔偿时,只要能够认定,在数个职场中的粉尘暴露等有可能导致罹患现实中所罹患的尘肺时,应该说就可以类推适用该条款的后段,推定劳动者罹患尘肺与数个雇主各自的债务不履行之间的因果关系。那么,作为罹患尘肺的劳动者,即使无法证明其罹患尘肺与其请求赔偿的一部分雇主的债务不履行之间的因果关系,但只要主张并证明,数个雇主各自的债务不履行单独或通过相互间的叠加影响,具有导致罹患现实中所罹患的尘肺的危险性,有可能构成该等尘肺的原因时,就应当推定与各个雇主的债务不履行之间的因果关系。与此相对,应该说,雇主在绝对暴露的情况下,只要无法主张并证明自己的行为与损害之间部分不存在或完全不存在因果关系,就无法免除部分或全部责任,但在并非绝对暴露的情况下,则可以主张并证明自己行为的作用比例,以寻求责任的限定。"

本判决关于民法第 719 条第 1 款后段的一般性定义,与此前的判决例并无不同。但其新颖之处在于,区分绝对暴露与并非绝对暴露两种情形,认为该条款对于这两种情形均可适用,并且在后者这种情况下,加害人可以主张并证明自己行为的参与比例,以寻求责任的限定。

(2) 视角 4

本案中,关于被告们对于在被告们(三井松岛产业股份有限公司、松岛煤矿股份有限公司)的煤矿工作过的原告们的共同侵权行为责任,被告们主张,短期工作者与尘肺之间并无因果关系,或者根据在他处的粉尘工作经历进行责任的限定。本判决虽然也将短期工作者的因果关系作为了问题,但最终是将其作为了责任限定的问题。

(3) 视角 5

通过被告的主张及证明而进行的免责(因果关系的不存在)及责任限定(参与比例),已在第(1)部分进行了阐述。以下,将会展示其对本案的适用。"以上述为前提,在本案中,从本章第 2 之 1(4)所指出的有关尘肺发病期间的知识来看,在粉尘的暴露期间超过 5 年的情况下,应判断为属于单独就足以引发本案中工作人员的实际症状的绝对暴露,因此,在各被告被做出最终的行政决定以前的粉尘工作期间(但是,如本章第 3 所判定的,应该说,被告三井松岛产业自转让营业后的 1973 年 4 月 1 日以后,仍对本案中工作人员负有安全注意义务,因此在被告处的粉尘工作期间,应加上在被告松岛煤矿的粉尘工作期间来加以判断)超过 5 年的情况下,因此不管粉尘经历如何,即使根据本案中工作人员的其他粉尘工作经历的内容、工作时间长短以及该等雇主违反安全注意义务的样态等来看,能够认定其具有可能引发该等工作人员所实际罹患的尘肺的可能性,也能够对各被告推定因果关系,各被告负有赔偿全部损害的义务,被告们若要就该工作人员罹患尘肺免除部分或全部责任,则被告们有必要主张各自的债务不履行与该等工作人员罹患尘肺之间部分不存在或完全不存在因果关系。如此一来,在本案的工作人员中,对于具有其他粉尘工作经历,并且在被告三井松岛产业及被告松岛煤矿或仅在被告松岛煤矿(均包括在分包企业的工作)被做出最终行政决定前的工作期间超过 5 年者(此处省略被具体列举的 40 名原告),""被告们并未进行该等证明。此外,对于原告 P15(1—12)、已死亡的 P23(1—21)以及原告 P58(2—23),对于有无其他粉尘工作经历存在争论,但即使以被告的主张为前提,同上述原告们的情形一样,被告们并未主张及证明自身的债务不履行与该等工作人员罹患尘肺之间部分不存在或完全不存在因果关系。"
"其次,本案中的工作人员在各被告被做出最终的行政决定以前的工作期间未满5年的,由于单独引发尘肺的可能性不高,因此不属于绝对暴露,被告可以寻求根据参与比例来进行责任的限定,但如本章第2之1(4)所认定的,暴露期间与尘肺症状之间并不存在定量关系,因此被告所主张的根据粉尘工作经历的期间来进行责任限定这一点,不能说是妥当,但从损害的公平分担的角度来看,在时间为3年以上未满5年的情况下,可以在损害的三分之二的限度内,在时间未满3年的情况下,可以在损害的三分之一的限度内,由各被告承担损害。在本案的工作人员中,具有其他粉尘工作经历,并且在被告三井松岛产业及被告松岛煤矿或仅在被告松岛煤矿(均包括在分包企业的工作)被做出最终行政决定前的工作期间未满5年者,就被告三井松岛产业而言,是指原告P25①,就被告松岛煤矿而言,是指原告P21②、P25(1—23)以及P30③,因此应该说,对于原告P25的损害,被告们在三分之一的限度内予以承担,对于原告P21的损害,被告三井松岛产业应承担全部,被告松岛煤矿应在三分之二的限度内予以承担,对于原告P30,被告三井松岛产业应承担全部,被告松岛煤矿应在三分之一的限度内予以承担。此外,原告P27(1—26)虽然在各被告以外并无其他粉尘工作经历,其在被告三井松岛产业的分包公司从事了超过5年的粉尘工作后,又在被告松岛煤矿的分包公司从事了大概3年半的粉尘工作时,于1976年7月17日被做出旧尘肺法的健康管理区分1(PR1)的决定,此后,在修改后的尘肺法之下,又继续被做出尘肺管理区分2的决定。""关于原告P27,被做出最终的行政决

---

① 1—23,原告P25在被告三井松岛产业及被告松岛煤矿的工作时间大约为3年6个月,但其大部分属于季节性工人,由此可以算作未满3年。

② 1—19,原告P21于1978年3月31日被做出旧尘肺法的健康管理区分1(PR1)的决定,此后,在修改后的尘肺法之下,又继续被做出尘肺管理区分2的决定,因此如本章9之1(3)所说明的,被做出最终的行政决定的日期,应该说是指1978年3月31日。

③ 1—29,原告P30在被告松岛煤矿的工作期间约为3年1个月,但因为是季节性工作,由此可以算作未满3年。

定的日期，应该说是指 1976 年 7 月 17 日，被告松岛煤矿违反安全注意义务与原告 P27 罹患尘肺之间能否被认为存在因果关系成为问题，但就被告松岛煤矿而言，由于在三井松岛产业的粉尘工作经历也属于其他粉尘工作经历，应该说两被告之间也应类推适用民法第 719 条第 1 款后段，因此应该说，根据此前所认定的标准，对于原告 P27 的损害，被告三井松岛产业应承担全部，被告松岛煤矿应在三分之二的限度内予以承担。"

20. 西日本尘肺诉讼第一审判决

(1) 民法第 719 条第 1 款后段的一般性定义（视角 3）

"民法第 719 条第 1 款后段规定，'当无法得知共同行为人中由谁造成损害时'，由共同行为人各自承担连带赔偿责任，这一条文可以理解为做了以下规定：对特定的数个加害人而言，如果各自满足了除因果关系以外的独立的侵权行为要件，很显然，受害人所遭受的损害，是由加害人的某一行为所引起的，但是可以考虑加害人各自的行为发生了竞合，因此，当无法特定现实中所发生的损害的一部分或全部系由谁的行为引起时，以上述加害人各自的行为具有单独引起损害的危险性，有可能构成现实中所发生损害的原因为要件，可以推定所发生的损害与加害人各自的行为存在因果关系。只要加害人无法主张并证明自己的行为与损害之间部分不存在或完全不存在因果关系，则无法免除其部分或全部责任。"

(2) 视角 4

根据本判决的"第 2 章案件概要"，"本案中，原告们针对被告日铁矿业，""以其违反了安全注意义务为理由而请求赔偿，对于作为被告的国家而言，则主张其怠于行使矿山保安法上为防止尘肺的发生或其恶化而规定的权限，属于违法，等等，请求依据国家赔偿法第 1 条进行损害赔偿。"但在本次诉讼中，在当初，"有共计 217 名主张罹患尘肺者，由其本人或继承人，共计 8 次，以国家、日铁矿业股份有限公司、住友煤矿矿业股份有限公司、三井松岛产业股份有限公司、松岛煤矿股份有限公司及 Nichitsu 股份有限公司为被告而提起了损害赔偿诉讼。"但与被告日铁矿业股份有限公司"等上述企业间达成的诉讼和解已经成立，作为被告的国家与不存在除斥期间问题的原告之间,也正在逐渐通过和解的方法加以解决",结果是,"本判决对于对安全注意义务的违反存在争论的被告日铁矿业相关的、主张罹患尘肺者,以及虽然对于不行使规制权限的违法性不存在明显的争议,但以已过除斥期间为由而认为难以通过和解加以解决的被告国家所相关的、主张罹患尘肺者,共计 43 名,进行了判决"。其中,民法第 719 条第 1 款后段的解释成为问题的,是有关被告日铁矿业的部分,而这起因于被告主张以其他的粉尘工作经历为由来进行责任的限定。

(3) 视角 5

本判决在上述(1)所列举的民法第 719 条第 1 款后段的一般性定义的基础上,对于本次尘肺诉讼中根据其他尘肺工作经历而进行责任限定的情况,作出如下阐述,认为可以适用民法第 719 条第 1 款后段的规定。即,"尘肺的情况下,有的情况下无法认定具有单独引发现在的症状的危险性,但能够评价为,与其他粉尘暴露一起,对于尘肺的发病或恶化起到了作用,在这种情况下,对该等加害人予以免责,将责任仅仅集中于主要加害人,或者在没有主要加害人的情况下,完全不救济受害人的做法,对照侵权行为法的理念来看,必须说,这是不妥当的。因此,即使在这种情况下,也可以以数个行为相累积而导致损害的发生(客观共同)以及各个行为人认识到其他人的同等行为,或者至少认识到与自己所等同的行为具有通过累积而导致损害的危险(主观要件)为要件,而认可民法第 719 条第 1 款后段的类推适用。那么,在这种情况下,加害人可以通过主张并证明自己行为的参与比例,以寻求责任的限定。"

在此基础上,本判决就对本案的适用做了如下阐述,从而肯定了民法第 719 条第 1 款后段的类推适用。"在本案中,可以认为,煤炭企业认识到了尘肺的原因以及发病机理,对于换工作的人,也了解其在粉尘单位的工作经历,即便是对于退职的人,也有可能预测到其还会再次在粉尘单位从事工作,因此满足类推适用该条后段的要件。"

以上述为前提,本判决讲到,对于债务不履行(包括作为其附随义务的安全注意义务的违反),通常可以类推适用民法第 719 条第 1 款后段(二重

[236]

类推),然后更为具体地讲到,"在不同时间及场所、在数个雇主下从事有可能吸入粉尘的工作,结果罹患尘肺的劳动者,在对数个雇主中的一部分或全部,以其违反了基于劳动合同的安全注意义务为理由而寻求损害赔偿时,只要能够认定,在数个职场中的粉尘暴露等有可能导致罹患现实中所罹患的尘肺时,就可以推定劳动者罹患尘肺与数个雇主各自的债务不履行之间的因果关系。"

237　　以上述为前提,本判决对被告与原告的主张及证明责任的内容进行了如下定义。"即使无法证明其罹患尘肺与一部分雇主的前述债务不履行之间存在因果关系,只要能够主张并证明数个雇主各自的债务不履行单独或通过相互间的叠加影响,具有现实上引起实际所罹患的尘肺的危险性,有可能构成尘肺的原因,就可以推定与各个雇主的债务不履行之间存在因果关系。"与此相对,如果被告"不能被认定为仅凭自身的债务不履行就具有引发症状的现实危险性时,则可以通过主张并证明自己的参与比例,以寻求责任的限定。"

　　以上述为前提而"对本案的适用",如下所述。"我们理解,在粉尘暴露期间为五年以上的情况下,能够认定其足以单独引发该等工作人员所实际罹患的现实症状,因此在被告日铁矿业从事粉尘工作的期间为五年以上的情况下,无论其他粉尘经历如何,被告日铁矿业应承担赔偿全部损害的义务,而在被告日铁矿业从事粉尘工作的期间未满五年的情况下,由于单独引发尘肺的可能性不高,因此被告可以寻求根据参与比例来进行责任的限定,但如上述,暴露期间与尘肺症状之间并不存在定量关系,因此被告日铁矿业所主张的根据粉尘工作经历的期间来进行责任限定这一点,不能说是妥当,但从损害的公平分担的角度来看,在时间为两年以上未满五年的情况下,可以在损害的三分之二的限度内,在时间未满两年的情况下,可以在损害的三分之一的限度内,由被告日铁矿业承担损害。"

　　21. 西日本尘肺诉讼控诉审判决
　　(1) 民法第719条第1款后段的一般性定义(视角3)

238　　本案的控诉审判决认为,"对于具有其他粉尘工作经历的人而言,民法

第 719 条第 1 款后段的适用成为问题,"继而做出了以下阐述。民法第 719 条第 1 款"后段的规定可以作如下的理解：对数个加害人而言,如果各自满足了除因果关系以外的独立的侵权行为要件,并且受害人所遭受的损害,很明显是由加害人的某一行为所引起的情况下,只要加害人不证明与自己的行为不存在因果关系,则应就全部损害承担责任,以此来减轻这种情况下被害人的证明责任。如此一来,该款后段的"当无法得知共同行为人中由谁造成损害时",可以理解为不仅包括①相竞合的加害人各自的行为具有单独导致该等损害的危险性这种情况,还应包括②虽然特定加害人的单独行为不具有引发损害的危险性,但能够评价为,与其他加害人的同种行为一起起作用而导致了该等损害的发生,并且加害人各自所起的作用不明的情况。但是应认为,在后面这种情况下,由于特定加害人的单独行为不具有引发损害的危险性,因此应将对其他加害人的同种行为具有通过累积而导致被害的危险这一点具有故意或过失作为要件,不过这一点是作为一般侵权行为(对权利侵害具有故意或过失)的要件,而非适用民法第 719 条第 1 款后段的要件。"

（2）视角 4

与第一审判决相同。

（3）视角 5

在控诉审中,主要是粉尘与原告罹患或加重尘肺之间的因果关系以及责任比例成为了问题。关于这些方面,本案控诉审判决在阐释(1)中所探讨的民法第 719 条第 1 款后段的一般性定义以前,进行了以下确认。"一、如上所述,一审被告被认定对本案中的所有旧职员违反了安全注意义务,如前提事实一(1)所认定的,本案中的旧职员在第一审被告或第二家公司经营的煤矿里,从事过各种粉尘工作,其时间最短的也达到了 20 个月,在此期间暴露于并且吸入了较大量的粉尘,由此可以强烈地推定,由于第一审被告违反安全注意义务而罹患了尘肺,或者至少加重了尘肺的症状","二、(1)此外,在本案的旧职员中,就甲川三郎(77 号原告)及一审原告丙田五郎(84 号原告)而言,并没有被发现在一审被告所经营的煤矿以外从事粉尘工作的经历

(以下简称'其他粉尘工作经历'),因此对于这两名被告由于罹患尘肺所遭受的损害,一审被告应承担全部责任。(2)但是,由于本案中其他旧职员具有其他粉尘工作经历,对于这些人,必须慎重探讨一审被告违反安全注意义务与该等职员罹患尘肺及其症状之间有无因果关系,进而探讨一审被告有无责任等。"在此基础上,在论述了民法第719条第1款后段的一般性定义,以及该条款可以类推适用于安全注意义务违反的情形后,还讲到了有关责任限定的证明责任的一般论。即,"但是,民法第719条第1款后段的法理,非常有助于上述(a)的第②种情况下对于被害人的救济,但另一方面,有些情况下会对加害人带来残酷的结果。因此,在这种情况下,即使不能说加害人的反证在严格意义上起到了作用,但如果能够肯定,该反证在一定程度上提示了划分责任比例的客观基准的话,从责任的公平分担的观点来看,可以将该等加害人的责任限定于一定的限度内。"这里的新颖之处在于,关于加害人的举证责任,是从"责任的公平分担的观点"出发,以"即使不能说加害人的反证在严格意义上起到了作用,但如果能够肯定,该反证在一定程度上提示了划分责任比例的客观基准"为要件,而肯定责任的限定。

以上述为前提,对于可否对本案中被告的责任进行限定及其比例问题,本判决进行了如下阐述。"(a)关于尘肺,虽然不存在症状会随着粉尘暴露期间或暴露量而成比例增加的明确性知识,但如前提事实(2)所示,发生尘肺之前的期间,从开始暴露于粉尘开始,最短为两三年,通常为五年至十年以上,鉴于此,如果在第一审被告经营的煤矿(包括第二家公司经营的煤矿,下同)工作的期间为五年以上的情况下,应该说具有单独就足以导致本案中的旧职员罹患或加重尘肺的危险性[属于上述(a)的第①种情况]。另一方面,就粉尘的吸入本身而言,可以推定无论在哪个煤矿工作,其基本上具有同质性,因此在存在数个单独就可以成为尘肺病患原因的机会的情况下,不可能确定因为其中的哪一个机会吸入的粉尘而构成了发生尘肺的原因,或者各种尘肺机会对于本案中旧职员的尘肺症状造成何种程度的不好的影响。在本案中,对于在一审被告的粉尘工作经历为五年以上者,也未就这一点进行充分的证明。如此一来,应该说,一审被告对于本案的旧职员中在一审被告的粉尘工作经历为五年以上者［一审原告乙野秋夫（55号原告）、丁川一郎（57号原告）、乙山松夫（58号原告）、丙川竹夫（68号原告）及乙原四郎（80号原告）］，应就其因为罹患尘肺而产生的损害承担全部责任。另外，对于一审原告丁原梅夫（88号原告）而言，经认定，虽然在一审被告的工作期间按照月数来计算有58个月，未满五年，但按照日数来计算，则可以认定超过了五年，因此应该说，对于该原告罹患尘肺，一审被告也应承担全部责任。"

"（b）与此相对，对于本案的旧职员中在一审被告的粉尘工作经历未满五年者［丙山冬夫（56号原告）、一审原告甲田夏夫（59号原告）、戊原二郎（71号原告）、一审原告丁野六郎（100号原告）、戊原七郎（103号原告）、一审原告戊田春夫（201号原告）］，无法否定一审被告违反安全注意义务会带来尘肺症状恶化这一不好的影响，另外，与其他暴露于粉尘的机会一起构成罹患尘肺的原因，也是可以想象到的，但是，在一审被告工作期间所吸入的粉尘，有可能无法单独导致尘肺，因此难以断定具有足以导致上述职员的症状的危险性。但是，这些人在一审被告从事工作以前，均具有相当长时间的其他粉尘工作经历，该等期间与在一审被告处的工作经历进行合计的话，在其从一审被告处退职的时点上，其粉尘工作经历，累计均已达到五年。因此，对于本案中的这些旧职员，可以说，因为在一审被告的工作与其他粉尘工作经历相累积而罹患了尘肺，出现了症状。那么，作为一审被告而言，应该说也已经认识或预见到这一点，即使以保守谨慎的观点来看，也必须说，其应当预见到这一点。这样一来，这些人属于上述（a）的第②种情况。但是，对于这种情况，既然无法断言一审被告的单独行为具有足以导致本案中旧职员的现实症状的危险性，则对于一审被告对于责任限定的证明，应当采取某种程度的灵活考虑（上述c）。在这种情况下，不仅包括在一审被告工作的期间，还应对其他粉尘工作经历的时期及期间、其他粉尘单位所采取的尘肺防止对策的内容及其程度等进行综合考虑，由此来判断责任限定的比例，而在本案中，很难说对于其他粉尘单位所采取的尘肺防止对策的内容及其程度进行了充分的证明。但是，这一点对于一审被告而言应该说属于勉为其难的事情,并且,很难认为其他粉尘工作单位就采取了更加精准的尘肺防止对策,所以此时可以比较在一审被告的工作期间与其他粉尘工作经历的期间,同时主要依据前者来限定一审被告的责任比例。这样的话,一审被告的责任比例,就如原审一样,对于在一审被告的粉尘工作经历为两年以上未满五年者","为全部损害的三分之二,对于未满两年的一审原告","为全部损害的三分之一。"

22. 西日本尘肺诉讼第二次请求控诉审判决

(1) 民法第719条第1款后段的一般性定义(视角3)

本判决首先就本案可以适用民法第719条第1款后段的规定,进行了如下的基础性说明。即,"在认定数个煤矿经营者对于安全注意义务的违反相竞合,由此发生一定损害的情况下,从救济受害人的观点出发,即使无法证明各个煤矿经营者各自对安全注意义务的违反与损害之间的因果关系,应该说,由于应当追究债务不履行责任的必要性较高,这一利益状况与共同侵权行为的情况并无不同,因此就本案而言,可以类推适用民法第719条第1款后段。另一方面,说到控诉人(注:一审被告)与被控诉人(注:一审原告)的其他粉尘工作经历所相关的煤炭经营者的关系,无非是碰巧于不同时期雇用了被控诉人,因此不过是仅仅具有客观共同的关系,即,由于各自对安全注意义务的违反相竞合而导致了被控诉人产生或加重尘肺这一结果。如此一来,在这种情况下,就不应该是该款的前段,而应该是该款的后段被予以类推适用。"

在此基础上,本判决认为,"民法第719条第1款后段规定的意图在于,对数个加害人而言,如果各自满足了除因果关系以外的独立的侵权行为要件,并且受害人所发生的损害很明显是由于加害人的行为中的某一个或者相竞合而发生的情况下,只要加害人无法证明与自己的行为之间不存在因果关系,则应就其全部损害承担责任,以此来减轻这种情况下受害人的举证负担,以有利于救济受害人。因此,该款后段的"当无法得知共同行为人中由谁造成损害时",可以理解为不仅包括①相竞合的加害人各自的行为可能单独导致该等损害,但无法明确个人作用的大小这种情况,还应包括②虽然各人的单独行为不具有引发损害的盖然性,但相互的行为叠加在一起而导致了该等损害,并且加害人有关因果关系的具体机理以及各自行为的作用大小不明的情况,以及③加害人各自的行为中,既有单独足以导致损害的行为,也有单独不足以导致损害的行为,但即使是后一种行为,仍无法否定其对该等损害的发生产生了一定的影响这一情况。另外,对于第②种情况以及第③种情况中的某些加害人而言,由于该等加害人的单独行为不具有引发损害的盖然性,与其他加害人的行为相竞合才会发生损害,因此应将对这一点具有故意或过失作为要件,不过这一点应理解为作为一般侵权行为的要件(对权利侵害具有故意或过失)而加以要求",由此对民法第719条第1款后段进行了一般性定义。

依据这一定义,其特点在于,将适用民法第719条第1款后段的情况类型化为三种,其共同的基础在于对发生损害所起的作用(影响)不明。在此基础上,作为类型化基准的是加害人行为的性质,并进行了如下的类型化:第①种情况是指具有单独引起损害的可能性,第②种情况是指,虽然不具有单独引起损害的可能性,但通过相互的行为具有引起损害的盖然性,第③种情况是指,同时存在具有单独引起损害的可能性的行为,以及不具有单独引起损害的可能性的行为。在此基础上,其新颖之处在于,对于第②种情况以及第③种情况中不具有单独引起损害的可能性的加害行为,作为一般侵权行为的要件,将故意或过失作为要件。

(2) 视角4

在本案中,在被告或被告的关联公司 A 股份有限公司(以下简称"第二家公司")所经营的煤矿从事过劳动的原告们主张,由于被告未在煤矿采取妥当的尘肺防止对策,因此罹患了尘肺,请求被告支付基于债务不履行的损害赔偿(各3,300万日元以及就该等金额自各个诉状送达的次日起至支付完毕期间按照民法所规定的每年5%的比例所计算出的迟延履行损害金),由于原审做出了采纳原告们的部分请求的判决,因此被告进行了控诉,而原告们对于败诉的一部分也进行了附带控诉。在控诉审中,被告们的责任限定成为问题。另外,原告们在被告或第二家公司所经营的煤矿从事劳动期间,也就是被告的安全注意义务成为问题的期间,"在某矿业所为自1964年至1965年期间(被控诉人X2)","在某事务所为自1966年至1967年期间(被控诉人X1)","在某煤矿为自1968年至1973年期间(被控诉人X1)"。

(3) 视角5

本判决在如上述阐释了民法第719条第1款后段的一般性定义后讲到,"但是,上述民法第719条第1款后段的法理,非常有助于受害人的救济,但另一方面,对于尽管无法否定对于结果的发生起到了一定的作用,但该作用明显较小的加害人,由于无法免除全部的损害赔偿责任,因此对该类加害人而言,容易带来稍显残酷的结果。因此,在这种情况下,也应对责任限定的证明进行一定程度的灵活考虑,如果能够肯定就责任比例的划定提供了相对客观合理的基准的话,从责任的公平分担的观点来看,可以将该等加害人的责任限定于一定的限度内。"这一就责任限定而对加害人举证责任的缓和,与前述西日本尘肺诉讼控诉审判决的逻辑是相同的。

接下来,本判决"以上述理解为前提,对可否以其他粉尘工作经历为理由来进行责任的限定进行了讨论。(1)通常情况下,从尘肺的纤维增值性变化是长时间暴露于粉尘的结果,尘肺是随着粉尘的吸入量而恶化的疾病等情况来看,很明显,根据粉尘的暴露量以及暴露时间,发病或恶化的危险性都会增大。另一方面,从开始暴露于粉尘到发病的期间,并没有确立明确的专业性知识,存在各种各样的意见,但一般而言可以确定大致的倾向性,即,快则两三年,通常情况下,五年到十年以上发病者较多。""考虑到这些方面,在控诉人所经营的煤矿(包括第二家公司所经营的煤矿,下同)从事工作为五年以上的情况下,可以说,具有单独使被控诉人罹患尘肺及出现症状的危险性[属于上述1(3)的第①种情况]。另一方面,就粉尘的吸入本身而言,可以推定无论在哪个煤矿工作,其基本上具有同质性,因此存在数个各自单独就可以成为尘肺病患原因的机会的情况下,不可能确定,因为其中的哪一个机会吸入的粉尘而构成了发生尘肺的原因,或者各种尘肺机会对于各个尘肺症状造成何种程度的不好的影响,在本案中,对于在控诉人的粉尘工作经历为五年以上(69个月)的被控诉人X1而言,也未就这一点进行充分的证明。如此一来,应该说,控诉人对于被控诉人 X1 应就其因为罹患尘肺而产生的损害承担全部责任。"

"(2)与此相对,被控诉人 X2 在控诉人经营的煤矿从事工作以前,具有合计 52 个月的其他粉尘工作经历,结束在控诉人的工作以后,又具有合计 80 个月的其他粉尘工作经历,与此相对,在控诉人经营的煤矿从事工作不过 8 个月的时间。如此一来,虽然无法否定控诉人违反安全注意义务会带来尘肺症状恶化这一不好的影响,另外,与其他暴露于粉尘的机会一起构成罹患尘肺的原因,也是可以想象到的,但在控诉人的工作期间所吸入的粉尘,应视为有很高的可能性无法单独导致尘肺,因此难以断定具有单独足以导致被控诉人 X2 的症状的危险性。因此,就被控诉人 X2 而言,虽然符合上述 1(3)的第③种情况,但应该说控诉人认识到了被控诉人 X2 此前的其他粉尘工作经历,并且也预见到了其将来也会从事同种的粉尘工作,即使以保守谨慎的观点来看,也必须说,其应当预见到这一点,所以控诉人对被控诉人 X2,也无法被免除依据对民法第 719 条第 1 款后段的类推适用所认定的责任。但在这种情况下,其他加害人的行为具有单独就足以导致被控诉人 X2 罹患尘肺及出现症状的危险性,与此相对,不能说,控诉人的单独行为就具有足以导致被控诉人 X2 罹患尘肺及出现症状的危险性,既然如此,应当对控诉人对责任限定的证明进行灵活的考虑[上述 1(2)]。在这种情况下,不仅包括在控诉人处工作的期间,还应对其他粉尘工作经历的时期及期间、其他粉尘单位所采取的尘肺防止对策的内容及其程度等进行综合考虑,由此来判断责任限定的比例,而在本案中,很难说对于其他粉尘单位所采取的尘肺防止对策的内容及其程度进行了充分的证明。但是,这一点对于控诉人而言应该说属于勉为其难的事情,并且,很难认为其他粉尘工作单位就采取了更加精准的尘肺防止对策[上述 1(1)],根据上述等情况,应该说,控诉人对于被控诉人 X2 所遭受的损害的责任比例不超过三分之一。因此,就被控诉人 X2 而言,可以将控诉人的责任限定在全部损害的三分之一。"

第四章　民法第719条的判例法理

第一节　"强关联共同性"
（民法第719条第1款前段）的判例法理

一、判例法理的概要

如果将上述判例中所分析提炼出的"判例法理"进行归纳的话，就"强关联共同性"，作为定义（视角1）而言，全部采用了"客观关联共同性说"。作为其具体内容，举例而言，在作为其典型案例的西淀川公害第一次诉讼判决中，存在如下表述。是指"以社会性视角进行观察，达到了共同行为人各自连带承担损害赔偿义务应属妥当这一程度的、一体性的行为（所谓强的关联共同性）"，"作为其具体的判断基准，应综合预见或预见可能性等主观性要素，以及工厂相互之间的位置关系、地域性、开始开工的时间、开工状况、生产工程中在功能或技术方面的结合关系的有无及其程度、资本经济或人事组织方面结合关系的有无及其程度、污染物排放的形态、必要性、排出量、对于污染的作用大小以及其他客户要素进行判断"。但在实际的认定（视角2）中，在公害诉讼中，也存在以客观关联共同性说中的重要要件"场所上的接近性"以及"时间上的接近性"为由，肯定"强关联共同性"的判决［川崎公害第二次到第四次诉讼判决以及名古屋南部公害诉讼判决。但是应当注意到，后者同时考虑到了公法上的规制以及防止公害的协定（不过从年代来看，可能有问题），也就是说考虑到了除下述以外的其他归责事由］，不过这并不是主流，除此之外还要再加上"意思性参与"，并且仅仅是"单纯的"意思性参与（例如，形成联合企业）还不够，要求的是"更加紧密的"意思一体性。

在四日市公害诉讼判决中的"被告油化""被告孟山都（Monsanto）"及"被告化成"，不仅仅形成了单纯的联合企业，而且"具有一家公司的开工的变更，不得不考虑与其他公司的关联这种程度的、功能、技术、经济方面的紧密的结合关系"，"也可以认定设立过程及资本方面的关联。"西川淀公害第一次诉讼判决中的"被告关西热化学""神户制钢"以及"被告大阪瓦斯"，具有紧密的资本及人员关系，以及原料与产品方面的供给关系。另外，仓敷公害诉讼判决要求"被告间"具有人员及组织方面的一体性，与四日市公害诉讼判决一样，要求超过形成单纯的联合企业以外的意思参与。尼崎公害诉讼判决中"作为被告的国家"与"作为被告的公团"，前者实际上支配并监督后者（众所周知，公团的干部是国家工作人员退休后担任的职务），这里承认了人员上的一体性，另外，后者的资本，由前者进行了部分出资，因此也可以认定资本上的紧密关系。在此基础上，认为大阪西宫线的排烟与国道 43 号线的排烟是不可分割的整体，因此认为两者可以适用前段。在东京公害诉讼判决中也认定，"作为被告公团的资本金，在其设立之际，由作为被告的国家与作为被告的东京都进行了出资（首都高速道路公团法第 4 条，以及首都高速道路公团法第 4 条第 1 款中的地方公共团体的政令），作为被告公团的理事长、副理事长以及监事，由国土交通大臣（原建设大臣）进行任命（该法第 20 条）。"（另外应当注意的是，东京公害诉讼判决将相互间的法律上的指挥监督关系也进行了考虑。这恰好展示了下面所要探讨的、将其他归责事由考虑进来这一点）。也就是说，如果在人员及资本方面具有紧密关系的主体之间具有"意思性参与"，则其行为就可以认定"一体性"（在极端的情况下，会进行"法人格的否认"），正是这种情况才会被认为具有"强关联共同性"。此为判例的法理。在此将其命名为第一判例法理。

此外，在药害诉讼的诸判决中，的确存在就新药的认可行为与该等新药的制造行为及销售行为肯定其"强"关联共同性的判决，但这里不存在客观关联共同性说所强调的"场所及时间上的接近性"，因此毋宁说应该加以否定。平井宜雄在考虑药害诉讼时，也表达了同样的见解。① 为防止"强关联共同性"的"无止境的扩张"，吉村良一也设计了"社会观念上的一体性"基准，作为其要件，则设定了"时间及场所上的接近性"②。也就是说，正如在公害诉讼中，仅仅具有单纯的"原料供应""半成品供应""产品供应"这类单独行为相联结（如形成联合企业）还不够，仅仅是"承认行为""生产行为""销售行为"这类单独行为相联结或并列还不够。因此，毋宁说应该对进行了否定的诸判决作出肯定性评价。进行否定的诸判决的利益衡量，不仅仅考虑到了不存在"时间及场所上的接近性"，还考虑到了以下所述的重要的问题点。即，如果以此类间接的意思性参与来认定"强关联共同性"，则鉴于现代社会中的企业活动以及经济活动由于具有紧密的合作关系才得以运转，并且以世界规模进行运转（全球化）的现实，民法第719条第1款前段的适用范围会带来"无止境的扩张"，从而导致不妥当的结果。可以认为，在下级的审判案例中，面对这一事实，从敏锐的实务感觉出发，使前述判断固定下来，形成了"判例法理"。可以认为，药害诉讼中的第二种类型的判例理论，被后述尘肺诉讼中的民法第719条第1款后段的判例法理所克服。此外，在尘肺诉讼中，法院理所当然地没有认定"强"关联共同性。

当然，无需赘言，要在诉讼上证明实体法上的"意思"这一主观性要件（例如"故意""恶意"等），必须以客观事实（即使是称作"自首"，也仍然是当事人的外部性语言表述这一客观事实）来进行。这里需要明确说明的一点是，这两者是完全不同的概念，不可混淆两者。

二、判例法理的归责根据

1. 这一判例法理的归责根据何在呢？首先，第一，该等"归责"的根据，如前所述，是指"意思"。这是基于，无论是合法（如法律行为）还是违法（如故意侵权行为），意思就是法律中最大的"归责"（将其法律效果归属于该等

---

① 平井宜雄『債権各論Ⅱ 不法行為』（弘文堂、1992年）196頁。
② 吉村良一『不法行為法〔第4版〕』（有斐閣、2010年）248頁。

主体)原理。也就是说,在私法的世界中被称为"私人自治原则""自我责任原则"的"意思原理"。

在能够认定强关联共同性的情况下,对于同自己的行为完全没有因果关系,或者只有部分因果关系的他人行为的结果,不允许进行责任减免的抗辩,而是承担责任,亦即,进行归责。也就是说,不再是自己的行为(意思)的结果归责于自己。因此,这里的"意思"被认为不是单纯的意思,而有必要是更加紧密的"意思参与"。在具有这种紧密的"意思参与"的时候,为何其他人行为的结果也归责于自己呢?这是因为,通过对他人的行为进行紧密的意思参与,可以对他人的行为进行"行为支配",从而他人的行为被作为了自己的行为,该等他人行为的结果也作为自己行为的结果,从而归责于自己。

正如在法意解释中所明确的,德国的判例、通说甚至是各个外国的法律,均基于这一"归责根据",要求"强关联共同性"要具有共谋(对于侵权行为本身具有认识与放任的一种合作=法益侵害的合意)。

另一方面,关于日本民法第 719 条第 1 款前段,立法者并没有考虑归责根据这一观点,而是就旧民法认为只有"共谋"时才承认连带债务这一点,否定了连带债务的"代理关系",于是不再有"共谋"的要求。因此,作为判例法理,虽然不需要共谋,但要求至少具有更加紧密的"意思性参与"这一点,可以说是妥当的。

2. (1)接下来探讨有关"强关联共同性"的第二判例法理。例如,在川崎公害第二次—第四次诉讼判决中,判决讲到,"1968 年大气污染防止法制定,1970 年被告企业与川崎市签订了大气污染防止协定","最迟在昭和 40 年代的后半期,各被告企业对本案中当地的大气污染情况以及上述大气污染物质的影响等形成共同认识后,就处于了必须对此共同采取防止对策的状态",换句话说,作为法律义务,"各被告应对其他被告行为的意思决定实施重要的意思性参与"(亦即,通过合作来相互限制排放行为等)。另外,在西淀川第二次—第四次诉讼判决中,"1968 年大气污染防止法制定","1969 年 6 月大阪府发表蓝天计划,1970 年 6 月大阪市制定了西淀川区大气污染紧急对策,在这一过程中,作为大企业的各被告应该自行认识到,各企业的活动在公害环境问题方面,相互间具有很强的关联性",与川崎公害第二次—第四次诉讼判决一样,以此为根据认定被告间具有相互协助的法律义务(宣扬法律的判决以"应当"这一词语来收尾,自然是设定了"法律义务"),认为最迟在1970年以后,被告企业间应适用前段的规定。另外,在东京公害诉讼判决中,也认定国家、首都与公团之间存在指挥监督关系。

(2) 这一第二判例法理的归责根据何在呢? 关于这一点,在法律的世界中,还存在另外一种"归责"根据。其典型地表现在不作为犯(不作为的侵权行为)中,是指"违反法律所规定的作为义务"。因此,如果违反了"务必对他人的行为进行'意思性参与',以防止结果发生"这一法律义务,则以该"归责"根据为由,承认"强关联共同性"。如前所述,在能够认定强的关联共同性的情况下,对于同自己的行为完全没有因果关系,或者只有部分因果关系的他人行为的结果,不允许进行责任减免的抗辩,而是承担责任。关于这一点的另外一个法律根据则是,负有与其他人相互协作以防止结果发生的义务。违反"协作义务"也就是"作为义务"的侵权行为,是不作为的侵权行为的一种类型。

那么,接下来首先探讨不作为的侵权行为。关于不作为的侵权行为的因果关系,"要成立侵权行为,该等加害行为必须构成损害发生的原因"(因果关系要件)。但是,在不作为的侵权行为的情况下,并没有积极地做出加害行为,而是没有做出防止损害发生的行动,因此不存在构成损害的原因的被告的行为。因此,无法就不作为的侵权行为与结果描述通常意义上的原因与结果间的关系(因果关系),毋宁说,取而代之的是,在不作为的侵权行为的情况下,如果能够认定假如履行了作为义务也许就不会发生损害这一关系,则仿照作为的侵权行为的因果关系,认为存在因果关系[①],不作为的侵权行为,是指对于同自己的行为没有因果关系的结果进行归责的侵权行为。另外,关于成为该等归责的根据的作为义务,进行了如下的阐释。"不

---

① 吉村良一『不法行為法〔第4版〕』(有斐閣、2010年)66頁。

第四章　民法第 719 条的判例法理　185

作为要成为侵权行为责任的对象,应该是存在命令一定的作为义务的义务(作为义务),并且违反了该等义务的不作为,因此仅限于该等不作为的状态被评价为违法的情况。当然,作为义务,由于其违反行为会被评价为违法,因此仅仅是道义上的义务还不够,必须是法律义务。但另一方面,在当今社会中,人具有行动自由,而其中当然也包括不实施某一行动(不作为)的自由,因此要认定作为不作为的侵权行为之根据的作为义务,必须具备充分的根据。"①那么,这一"充分的根据",第一种情况是法律上规定作为义务。例如民法第 697 条、第 820 条、第 877 条等。第二种情况是当事人间的合同约定作为义务②。例如,地方公共团体与企业签订公害防止协定等。第三,"作为义务有可能从习惯或条理中衍生出来。但是,轻易地根据习惯或条理来承认作为义务,有可能构成对个人活动与自由的限制,因此应当慎重加以认定。判例中加以肯定的有,将有毒乙醇作为饮料进行销售者,由于未对销售对象采取危险防止措施,因此命令其对引用该乙醇而死亡的人的遗属进行损害赔偿的案件③;加入大学空手道兴趣会的学生由于退会而遭到集体暴行的案件中,对于知晓情况却没有采取特定处置的该大学的学生科科长、学生干事等,认定其违反了条理上的作为义务的案件④;在一群中学生出于恶作剧在电车轨道上放置石块导致电车脱轨翻车的案件中,对于没有亲自放置石块但在事前与同伴进行了交流的儿童,以其明知存在放置石块的行为但没有采取除去石块等措施为由,认定其承担责任的案件⑤等。上述案件中均存在对于生命等的紧迫危险,并且对明知这一危险且能够防止损害发生的人肯定了作为义务。特别是,在最后一个案例中,重视事前进入线路内、在现场进行了交流等'先行行为',从而推导出了作为义务"⑥。但是,这

---

① 吉村良一『不法行為法〔第 4 版〕』(有斐閣、2010 年)65 頁。同样的内容也出现在四宫和夫『不法行為』(青林書院、1987 年)293 頁。
② 四宫和夫『不法行為』(青林書院、1987 年)293 頁。例如,在学合同(千葉地裁昭和 49 年 11 月 28 日判例タイムズ 320 号 222 頁)。
③ 大阪控判大正 7 年 2 月 15 日新聞 1386 号 20 頁。
④ 東京地判昭和 48 年 8 月 29 日判例時報 717 号 29 頁。
⑤ 最判昭和 62 年 1 月 22 日民集 41 卷 1 号 17 頁。
⑥ 吉村良一『不法行為法〔第 4 版〕』(有斐閣、2010 年)66 頁。

里列举的第二个例子,由于存在在学合同,因此属于第二种情况。此外应当注意的是,这些判例中均存在"先行行为(意思性行为)"。

另外,这里应当注意的是,作为"过失"之前提的注意义务,具有"认识(预见)的可能性"就足够了,但作为"不作为的侵权行为"之前提的作为义务则有必要存在"认识(预见)"。这是为了将由于在法律上要求"作为"而对自我决定权的侵害限制在最小的程度。

接下来论述,作为"过失"之前提的注意义务,以对法益侵害的"认识(预见)可能性"为要件,与此相对,"不作为的侵权行为"的作为义务,以对法益侵害的"认识(预见)"为要件。首先,侵权行为分为作为的侵权行为与不作为的侵权行为。作为,是指对于自己及众多其他人的法益所共存的外界,积极地进行推动。另一方面,不作为,是指不对上述外界进行积极的推动。这样一来,作为对于他人的法益侵害的危险性就会比较大。但是,如果全面禁止该等作为,或者导致他人的法益侵害时,均使其承担损害赔偿责任,则阻碍了宪法(宪法第 11 条以下)所保障的个人自由,与实际生活不相适应。因此,作为个人自由与对他人的法益保护的调和点,为了防止发生可能预见(认识)到的法益侵害的发生,法律命令在实施该等作为时注意不要侵害其他的法益。这正是过失责任主义的意义①。另一方面,不作为是对结果不进行积极的介入(因此,对他人的法益侵害的危险较少),但法律要求,当他人的法益遭受危险时,不应置之不理而是予以救助(作为义务的设定)。但是,从宪法所保障的个人自由的观点来看,法律对于强制要求行动(作为)(即使是以承担损害赔偿责任这种间接的方式)必须慎重。因此,与积极介入对他人的法益侵害的因果流程的作为的情况相比,不进行积极的介入,对于他人的法益侵害的危险性较少的不作为的情况下,作为个人自由与对他人的法益保护的调和点,重心应该在个人自由的保护,在设定作为义务时,不应该以"预见(认识)可能性",而应以更加严格的"预见(认识)"为要件。另外,在过失不作为的侵权行为的情况下,作为作为义务的前提,由于"预见

---

① 吉村良一『不法行為法〔第 4 版〕』(有斐閣、2010 年)7 頁。

(认识)"被作为要件,因此"预见(认识)可能性"不可能成为问题。

第二节 "弱关联共同性"（民法第719条第1款后段）的判例法理

一、以尘肺诉讼为中心的判例法理

1. 关于"弱关联共同性",当然在公害诉讼及药害诉讼中也会进行讨论,对应当主张并证明的事实也会进行详细的判定,但在尘肺诉讼中,会进行最为详细的、定型化的讨论,所以这里主要分析有关尘肺诉讼中的"弱的关联共同性"的判例法理。

2. 尘肺诉讼所明确的民法第719条第1款后段的判例法理如下。

(1) 各被告满足因果关系以外的独立的侵权行为要件。

(2) 存在择一的竞合（原告所发生的损害很明显是由被告们的行为中的某一个所引起,但可以考虑为被告们各自的行为作为原因存在竞合,因此无法特定现实中所发生的部分或全部损害是由其中的哪一个引起的时候。例如,所谓的"绝对暴露"）。但如果看一下千叶尘肺诉讼判决以及筑丰尘肺诉讼判决,尽管其行为无法单独引发被害,但如果这些行为相重合就会产生被害的情况（这种情况称为"重合性竞合"。例如,所谓的"叠加性暴露"）下,如果对该等加害人进行免责,将责任仅仅集中于主要的加害人,或者不存在主要的加害人时完全不救济受害人的话,对照侵权行为法来看,不得不说是不妥当的。亦即,存在以下的理解:"损害确实已经发生,并且被认为对于其发生起作用的加害行为存在数个,因此,只要不证明各个加害行为对全部损害的比例,令被害人败诉是不合理的,民法第719条第1款后段规定的本来情形是,加害人被认为对于全部因果关系的不存在承担证明责任,既然如此,由加害人承担证明不存在部分因果关系的责任,不存在任何不合理之处（千叶尘肺诉讼判决）",或者说,在"重合性竞合"的情况下,"如果对该等加害人进行免责,将责任仅仅集中于主要的加害人,或者不存在主要的加害人时则完全不救济受害人的话,对照侵权行为法来看,不得不说是不妥当的。"(筑丰尘肺诉讼控诉审判决)同样,日本制铁等尘肺诉讼控诉审判决以及三井松岛尘肺诉讼判决,对于仅仅具有部分的引起可能性的被告,也认为应当类推适用民法第719条第1款后段。因此,可以说判例也并非将择一性竞合作为绝对要件。

(3)加害人各自的行为具有有可能导致损害的"危险性"。

(4)具有构成现实中所发生的损害的原因的"可能性"。

对于以上四个要件,原告承担主张及证明责任,与此相对,被告(加害人)承担主张并证明自身行为与损害之间完全不存在或部分不存在因果关系的责任(例如,日铁尘肺诉讼第一审判决、伊王岛尘肺诉讼第一审判决、筑丰尘肺诉讼第一审判决、筑丰尘肺诉讼控诉审判决、长崎日铁尘肺诉讼第一审判决、北海道煤炭尘肺诉讼第一审判决、三井三池煤矿尘肺诉讼判决、芦别煤矿尘肺诉讼判决、三井松岛尘肺诉讼判决、西日本尘肺诉讼第一审判决等)。

那么,关于民法第719条第1款后段,其不同于前段,不需要时间及场所上的接近性,这也可以说是判例法理。

另外,日本制铁等尘肺诉讼第一审判决及日本制铁等尘肺诉讼控诉审判决这两个判决,引用了平成13年判决,但在以下三个方面并不妥当。亦即,第一,两个判决的说法是"并非'共同行为人'的数个加害人等",而平成13年判决的说法是"共同侵权行为人"。首先从这一点来看是不妥当的。第二,平成13年判决是关于民法第719条第1款前段的解释论,而不是关于该款后段的解释论。理由在于,关于"死亡"结果,交通事故与医疗事故均具有因果关系这一点,是不存在任何争论的清楚事实,不属于"无法得知共同行为人中由谁造成损害时"这种情况。也就是说,属于两个事故合在一起才发生"死亡"结果的案件类型。但是,"尘肺诉讼"中,民法第719条第1款后段成为问题,因此从这一点来看也不妥当。也就是说,平成13年判决中,两个事故对于"死亡"具有因果关系是清楚的,而在尘肺诉讼中,恰恰是因果关系的有无本身成为一个争议点。亦即,即使是"绝对性暴露"的情况,也属于"推定"(例如,筑丰尘肺诉讼控诉审判决),无视这种差异而进行引用是不妥当的。第三,平成13年判决认为即使从理论上来看也不允许责任的减轻,而"尘肺诉讼"则从理论上承认责任减免的可能性,从这一点来看,该引用也是不妥当的。

但是,两判决关于民法第719条第1款后段,实际上都沿袭了尘肺诉讼中所构筑的判例法理,在日本制铁等尘肺诉讼第一审判决中讲到,"不能说被告就不存在上述因果关系尽到了证明责任",日本制铁等尘肺诉讼控诉审判决则讲到,"只要雇主无法提出自身不履行债务与劳动者罹患尘肺之间不存在因果关系这一反证,就不能被免除责任"。另外,这里的"反证"应该是错误的,应该为"本证"。也就是说,因为这属于推翻法律上的"推定"的一种抗辩。西日本尘肺诉讼控诉审判决,西日本尘肺诉讼第二次请求控诉审判决,对于自己的行为不具有单独引发损害的危险性但与他人的行为一起而导致了损害的情形,将对于该等情形的故意或过失作为了要件,但认为这是一般侵权行为的要件,而不是民法第719条第1款后段的要件。所以从结论上可以说的是,民法第719条第1款后段的判例法理,应该说不会超过前面的阐述[要件(1)—(4)]。

3. 那么,具体而言,原告需要主张并证明哪些事实,就可以满足上述四要件,从而具有"弱关联共同性",也就是说,可以适用民法第719条第1款后段?

关于要件(1),是有关一般侵权行为的要件事实论,关于要件(2),判例法理对于所谓的"重合性竞合",认可民法第719条第1款后段的(类推)适用,结论就是,只要满足以下的要件(3)以及要件(4)就可以说满足了要件(2),因此这里不再特别予以讨论。因此,首先关于要件(3),也就是判例法理认为被告的各个行为有可能带来损害这一"危险性",具体是指主张并证明何种事实就可以满足呢? 这一点是指,被告所创出的或参与创出的物质与原告所发生的症状之间存在病理学或流行病学上的因果关系(或机理)。例如,在公害诉讼中,是被告所产生的或参与产生的硫氧化物与氮氧化物等,与原告所发生的肺病等之间的病理学或流行病学上的因果关系,在药害诉讼中,则是被告所产生的或参与产生的药品(如喹诺仿),与原告所发生的症状(如斯蒙病)之间的病理学或流行病学上的因果关系,在尘肺诉讼中,则是被告所产生的或参与产生的粉尘,与原告所发生的尘肺之间的病理学或流行病学上的因果关系。

4. 其次关于要件(4),也就是被告各自的行为成为原告所发生的损害的原因的"可能性"也就是现实"危险性"(换言之,也就是原告与被告之间的"连接点"),根据判例法理,原告方面负有主张及证明责任,是当然的前提。在公害诉讼中,是指该等原告居住于对于该等被告而言具有责任的污染物质所到达的地区,在药害诉讼中,是指该等原告服用了该等被告所认可、生产或销售的药品,在尘肺诉讼中,是指该等原告在该等被告所参与的作业现场工作过。这一点是指,对于该等原告而言,不仅要依据要件(3)而对该等被告的行为具有"抽象的"危险性承担主张及证明责任,而且要依据要件(4),要求对具有"具体的"危险性这一点承担主张及证明责任。也就是说,判例法理为,对于该等原告而言,该等被告的行为仅仅具有"抽象的"危险性,至少对于承担私法上的损害赔偿责任的"法律推定"而言,还是不够充分的。

二、判例法理的理论根据

1. 以上有关"弱关联共同性"的判例法理的理论根据是怎样的呢?关于这一点,各个判决已经有所论述,例如,千叶尘肺诉讼判决讲到,"对于一个损害,如果无法容易地判断数个加害人中的哪一个行为具有因果关系时,很显然数个行为中的某一个与损害之间存在因果关系,如果受害人无法特定与损害具有因果关系的加害行为就使其败诉,这是不合理的,毋宁说,令加害人方面证明自身的加害行为与损害之间不存在因果关系,是公平的"。这一点与起草人穗积陈重指出这是为了救济诉讼上的困难、出于公益目的而设置的规定这一观点相符合。

2. 将以上情况再总结一次的话,民法第719条第1款后段所预先设定的类型,本来就包括了该等被告的行为与该等法益侵害之间存在因果关系的情形、不存在因果关系的情形以及仅存在部分因果关系的情形。但是,鉴于存在数个被告,难以对因果关系进行举证,所以从保护受害人的角度出发,意在减轻举证责任(也就是对于因果关系的存在不承担举证责任)。这恰好符合举证责任分配的实质根据之一的"正义性"。这样一来,由于本来应该承担举证责任的事项被减轻了,所以作为原告来讲,不应该仅仅对被告行为的"抽象"危险性,而应该对其"具体"危险性承担举证责任。这也恰好符合了举证责任实质根据之一的"公平性"①。

另一方面,作为被告来讲,根据判例法理(例如,日铁尘肺诉讼第一审判决),"作为甲或乙来讲,只要其自身行为具有前述危险性,有可能构成损害的原因,则其仅仅主张并举证乙或甲存在违法行为,尚不能免除其责任,为了进行免责,应该说还要求其进一步主张并举证自己的行为与损害之间不存在部分或全部因果关系"。也就是说,这里采取的诉讼构造是,在提出责任减免的抗辩时,要主张并举证不具有导致该等原告所遭受的法益侵害的可能性,或者尽管有可能性但只是起了部分作用。这一点有助于实现作为举证责任分配的实质根据之一的"争议的迅速解决"②。

---

① 中野貞一郎ほか『新民事訴訟法講義〔第 2 版補訂版〕』(有斐閣、2006 年)363 頁。
② 中野貞一郎ほか『新民事訴訟法講義〔第 2 版補訂版〕』(有斐閣、2006 年)364 頁。

第五章 结论

1. 认定了"强关联共同性"时应适用民法第719条第1款前段,是指对于同自身行为完全不具有因果关系或者仅仅具有部分因果关系的、由他人行为导致的结果,不予承认责任减免的抗辩,而应该使其承担责任。通过本书此前的分析可以明确,使其承担这种较强的责任的归责根据有两个。第一个是指,通过对他人的行为进行"行为上的支配",从而对他人的行为达到了"不得不将他人的行为评价为自身的行为这一程度"的"紧密"的意思参与。关于这一点,前田达明曾经主张过所谓的"主观关联共同性说",即"(各自)具有利用他人的行为,同时放任自身的行为被他人利用的意思"[①],但前田达明与原田刚认为,将这一判例法理作为归责原则更具有说服力,因而对此表示支持。第二个是指,作为不作为的侵权行为的一种类型,负有"应有意识地配合他人的行为以防止结果发生"的义务,但却违反了这一义务。这一点,是将共同侵权行为理解为不作为的侵权行为的一种类型,属于包括前田达明在内的任何人此前均未提到的新发现,前田达明与原田刚认为,这一类型是对民法第719条第1款前段"关联共同性"的一种重构,对此也表示支持。

2. 其次可以明确的是,民法第719条后段"弱关联共同性"在以下情况下会得以认定。也就是说,作为其适用的前提,原告应该对以下事项承担主张及举证责任:①就各被告而言,具备除因果关系以外的独立的侵权行为要件;②各被告的行为具备单独就可以导致损害的"危险性";③各被告的行为现实上具有构成损害原因的"可能性"。另一方面,各被告可以进行以下抗辩:主张并证明自己的行为现实上没有构成损害的原因这一事实,或者尽管构成了损害的原因但也仅仅是一部分的事实。关于这一点,前田达明此前

---

① 民商法雑誌60卷3号(1969年)471頁。

曾主张,"实施了具有引发该等权利侵害的危险性的行为"[1],但这一判例法理,考虑到了在举证失败从而完全不具备因果关系时也令其承担责任,因此更符合实务,更加精细化,前田达明与原田刚认为,这一判例法理也更为妥当,对此予以赞同。

---

[1] 民商法雑誌 60 卷 3 号(1969 年)472 頁。

图书在版编目(CIP)数据

共同侵权行为法论/(日)前田达明,(日)原田刚著;罗丽,赵兰学译.—北京:商务印书馆,2020
(日本法译丛)
ISBN 978-7-100-18203-4

Ⅰ.①共… Ⅱ.①前…②原…③罗…④赵… Ⅲ.①侵权行为—民法—研究—日本 Ⅳ.①D931.33

中国版本图书馆 CIP 数据核字(2020)第 041277 号

权利保留,侵权必究。

本书出版获得北京理工大学科研经费资助

日本法译丛
共同侵权行为法论
〔日〕前田达明 原田刚 著
罗 丽 赵兰学 译

商务印书馆出版
(北京王府井大街36号 邮政编码100710)
商务印书馆发行
北京艺辉伊航图文有限公司印刷
ISBN 978-7-100-18203-4

2020年6月第1版　　　开本 787×960 1/16
2020年6月北京第1次印刷　　印张 13
定价:50.00元